打造理想人生的
習慣大全

65個習慣開關，讓你輕鬆戒掉壞習慣、無痛養成好習慣

理想の人生をつくる 習慣化大全

LET'S GET YOUR

SWITCH

日本唯一「習慣養成」顧問
古川武士——著 洪逸慧——譯

目錄

• 找到完全適合自己的行動開關 52

第 2 章

思考的習慣

擺脫負面思考

第3章

感受的習慣

找到自己想做的事情

第 4 章

環境的習慣

讓一成不變的自己獲得成長

好評推薦

「我樂當夜貓子，但我接晨間電台節目叫大家起床，或許是因為有找到方法甘願調整作息跟心態；喜歡灰濛濛的日子，不過也懂得欣賞樂觀開朗，是因為理解苦甜人生比較實在。

我有好習慣也有壞習慣，沒有一定要成長大爆發，孫悟空般的劣根性依然在，但我會當自己的唐三藏，至少找到適合的方法處理自己的各種狀態，用好習慣強壯自己，用壞習慣體貼自己，倘若你的壞習慣多於好習慣，那翻翻這本書吧！有時候不是你壞掉了，只是你知道太少好的習慣有哪些，好的都在這本書裡了，翻翻看吧！」

——JoJo，KISS Radio 電台主持人

推薦序

所謂的理想生活，是靠習慣打造出來的

——S編，S風格社群工作室創辦人

記得我還是新鮮人時，到墨西哥一間台商的外貿公司工作了五年，那五年期間一直過著無法自己掌握時間的生活，當時台籍幹部都住在同一間宿舍裡，被「統一管理」，而為了優渥的薪水及全區域店經理的頭銜，幾乎一天有十三小時所有的行動都被公司綁著，因為工作需要，甚至偶爾假日或下班後還得陪老闆或客人應酬！

雖然這期間累積了不少工作經驗，也認為自己還算是個紀律的人，但就在第五年離開公司去西班牙念碩士時才發現，「我竟然喪失了自己掌控時間的能力！」即刻擺脫公司到了西班牙的當下，我除了一天有四個小時要到學校上課，照理說剩下的二十小時都能被充分活用，但由於過去已習慣跟著公司和老闆生活節奏，突然多了這些時間反而像是開著一部失控的車子一樣讓人驚慌失措。

回到台灣後為了創業，先後到了電商產業、時尚媒體業磨練技能，也一邊利用下班時間不斷研究關於「習慣養成」及「時間管理」的方法來儲備能量。

就在今年離職開始了自己的工作室以後，每天整整多了二十四小時！好在已經預備好的各種方法幫我養成每天看書、每天冥想、每天規律作息的習慣，而這些習慣正是我能固定產出作品，穩定輸出、輸入最重要的幕後功臣！

此時我才明白，**你擁有了時間是不夠的，更重要的是，你該如何有效的運用時間養成習慣才能過你想要的理想生活。**

在本書中，集結了所有過去我在其他書上所看到的知識精華，不同的是在這裡你看不到過度繁瑣的「理論」，而是更加清晰簡潔明瞭的「方法論」，每件事情一定都有所謂的方法論（就像我找到如何邊旅行邊工作的遠距工作辦法一樣），這些方法論才能打破你總是用意志力去對抗習慣的盲點！

書中列出養成行動習慣、思考習慣、感受習慣、環境的習慣的六十五種方法，一定能在你人生的每一個不同階段派上用場，也有許多過去我摸索了兩年多才得出的結論，讀著讀著還不禁感嘆：「原來之前我把時間管理和習慣養成看得太複雜了！」

關於如何做、怎麼做本書都幫你整理好了，現在你只需要「行動」，並且採取這些「對的行動」！就能一步一步打造出你心中的那個理想生活型態。

推薦序

善用習慣引力，輕鬆養成你想要的好習慣

——劉奕酉，職人簡報與商業思維專家

我們的大腦不喜歡變化，有著「維持現狀、抗拒變化」的特性，不論是好的、壞的變化。

當你想做出改變，大腦會「抗拒」這個變化，讓你陷入三分鐘熱度就打回原形。有趣的是，當你持續這個行為一段時間後，大腦不再抗拒、反而想要「維持」現狀，這意味著習慣逐漸養成了。

這就是「**習慣引力**」的作用，不容易養成一個習慣、也很難打破一個習慣。

光靠意志力與毅力來養成習慣，是件苦差事，而且難以持續。雖然我們常聽到「自律」的說法，但能做到的人少之又少，難道真的沒有更輕鬆的方式嗎？不好的習慣為什麼會在不知不覺中養成？

從心理學觀點來看，**習慣的養成與動機、行為和獎勵有關**。

比如說，因為無聊（動機）所以滑手機（行為），看到有趣的內容或注意力被滿足（獎勵），於是又繼續滑手機（加強行為），於是養成了「沒事就滑手機」的習慣。

靠「自律」的方式來強制或禁止某個行為可能效果不大。如果從動機與獎勵著手，或許可以讓某個行為更「自然」地養成或被取代。

在《打造理想人生的習慣大全》一書中，作者認為，**誘發自己的興致，就是習慣養成的關鍵**。

而「誘發自己的興致」其實就是找到可以「**創造動機、驅使行為和放大獎勵**」的方式，讓自己更想去做一個行為、持續這個行為直到自然地養成習慣。

作者以冰山模型來說明影響習慣養成的因素，我覺得相當貼切。

我們以為沒能養成習慣，是因為「沒有行動」或「無法持續」的緣故，其實這是屬於「行動」層次的部分，就像露出海平面之上的冰山，是我們「看得見」的部分。而在海平面之下的巨大冰山，包含著「思考、感受、信念、本質」等層次，連帶外在的「環境」層次，都是「看不見」的部分，容易被忽略對於習慣養成的影響。

書中從這些不同的層次，整理了六十五個「巧妙地誘發自己的興致」的建議，包括：

- 如何做才能誘發自己行動的興致？（二十六個行動習慣）
- 對事情採取什麼想法、看法，能誘發自己的興致？（十八個思考習慣）
- 讓自己樂在其中的信念或欲求是什麼？（十五個感受習慣、信念與本質）
- 能夠誘發自己興致的環境會是在哪裡？（六個環境習慣）

這些建議未必有效，而有效的方式也不只這些。

比如說：先做了再說、公開宣誓目標、條列行動清單、將工作拆解為細項這幾種習慣，對我來說是很有效的方式，但未必對別人管用。對每個人來說，能誘發自己興致的「刺激點」不見得相同。

我建議不妨用 5W1H 去思考：用什麼方式（What）、如何去思考（How）、找到為什麼（Why）、在什麼環境（Where）、跟誰在一起（Who），可以讓你更願意去做一件事？

推薦序

自我成長，從建立好習慣開始

——鄭緯筌 Vista Cheng，《內容感動行銷》作者、「內容駭客」、「做最棒的自己」網站創辦人

身為兩岸三地許多企業的行銷顧問和寫作教練，我常因工作需要四處講課，協助學員把各種商品文案、新聞稿或企畫案寫得更臻完美。很多人問我要如何才能寫出感動人心的文章，除了要學習寫作技巧和行銷概念，也要養成輸出習慣並刻意練習，可說是通往成功的重要關鍵。

因為我很早就深諳養成習慣的重要性，所以當我得知采實文化即將出版《打造理想人生的習慣大全》一書時，便感到相當興奮。之前我在日本書店看過這本書的原文版，當時也被這位在日本開設「習慣養成」的顧問公司的作者所打動。

作者指出，有高達九〇%的幸福是來自於我們的習慣。話說回來，**人生的成敗往往和我們自己在習慣方面的累積與養成息息相關**。所以如果你也想要改變人

生的話，就請先正視自己的所有缺點，並徹底思考如何建立正確的習慣。

大家都知道自律很重要，但想培養好習慣卻往往成為一樁苦差事，這該如何是好呢？別擔心，作者不但在本書中提出了幸福公式，也幫大家拆解了行動、思考、感受、信念、本質與環境等六層結構，並搭配實例說明，無疑是一本極具實用的好書。

如果你早就知道培養好習慣的重要性，卻又因為自己有拖延症、容易半途而廢，或做事總是三分鐘熱度的話，那麼就讓我在此向你推薦這本好書。

新年新氣象，讓我們一起加油吧！

推薦序

新年許下新希望，也思考如何培養好習慣

——鋼鐵V，個人品牌經營家

新的一年又來到了，想必手上列好滿滿清單，期許新年有新的進展。但可能會發現，今年願望清單跟去年有些雷同，到底是什麼原因讓我們拖了一年，卻無法毫無進展呢？

《驚人習慣力》（*Mini Habits*）作者史蒂芬．蓋斯（Stephen Guise）提出為什麼我們總是難以達成所設定目標：第一，三分鐘熱度，缺乏堅持的力量，而惰性或看不見成果，是我們容易放棄的原因。其次，我們幻想著完成一個「偉大」的目標，當願望的難度太高，一想到要付諸行動，就毫無動力。

意味著，如果我們不夠了解自己的能力和如何提升動機，而訂定出太遠大目標，將會導致我們最終無法順利完成任務。

這本書清楚將習慣分類為行動、思考、感受、環境等層面，透過六十五種

生活場景，幫你成功誘發自己的興致，養成好習慣。例如，希望你探討自己的欲望，哪些是你強烈想擁有的？

1. 想追求完美
2 想感受人與人之間的連結
3. 想達成目標
4. 想發揮獨創性
5. 想深入思考直到自己能夠接受為止
6. 想感受到安心、安全
7. 想經常感到開心
8. 想感覺到自己的強大
9. 想依照自己的步調做事

根據以上九型人格所述「根本欲求」，重新培養新習慣。而我屬於第2類人，在學習英文時，可能找到合得來老師或同學，更能讓我樂於學習。對於習慣的養成感覺不順手的人，多半是因為我們忽略自己的欲求模式，採用社會學習框架來學習。最終耗費一段時日後，才發現這不是最適合方式，導致最後認為自己沒有天賦，所以放棄。

習慣的力量是強大的，人的一生不過是無數習慣的總合。當我們不斷努力，寫下新年願望之時，倒不如好好思考如何培養一個好習慣。而這本書將帶你透過不同角度來認識自己，幫你順利達成目標。

我想加強英語
能力，實現在海外
工作的夢想！

我想每天早起，
為副業做準備！

你想不想知道不再單憑
自己的意念或毅力，就能
養成好習慣的方法，
並且藉此獲得
理想的人生呢？

擺脫負面思考，
更加享受人生！

在過去的人生中，
你曾煩惱過
這些事情嗎？

無論做什麼，
都是三分鐘熱度……
我想要勤勉不倦地
持續下去！

我想做的事情到底是什麼？
如果找得到的話，
就能改變我的人生了……

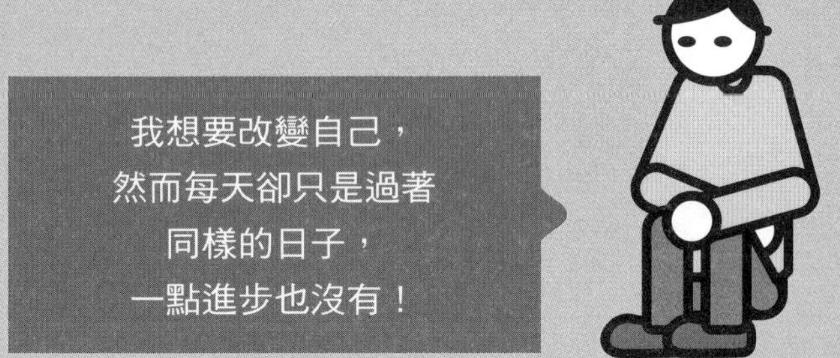
我想要改變自己，
然而每天卻只是過著
同樣的日子，
一點進步也沒有！

無論是誰或多或少都有過這些想法吧？

其實，原因都在於

「習慣」。

你的人生是透過「習慣的累積」而逐漸成形。

「改變人生」

意謂的就是

「改變習慣」。

此外，我們約有80%的
行為和想法都已經形式化，
也在日常生活中無意識地重複。
因此使得我們很難改變
自己的習慣。
不過，請不要因此自暴自棄，以為
「沒辦法！因為要改變習慣很難。」
因為，一個人的幸福
有九成都取決於習慣！

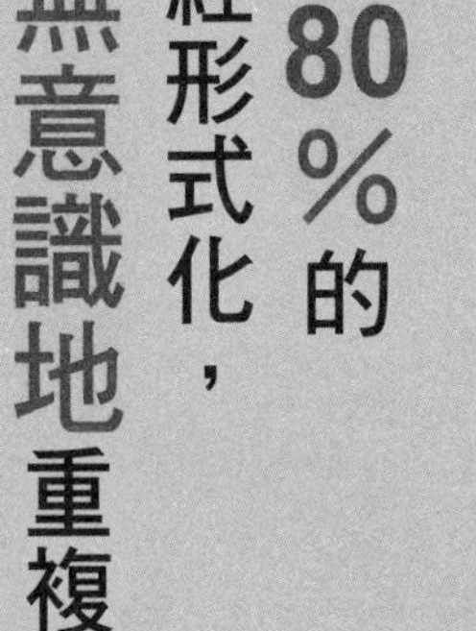

本書將從行動、思考、感受、環境等層面
來介紹六十五個方法，
讓你成功誘發
自己的興致，
養成習慣
現在馬上學會習慣養成的技巧，
打造沒有遺憾的
理想人生吧！

本書推薦給有這些煩惱的你

煩惱1

好習慣無法持續，壞習慣戒不掉

不管是早起還是減肥，
「無論做什麼都無法持續」、
「壞習慣戒不掉」、「做事情總是拖拖拉拉」。

這些與其說是意念或是毅力的問題，
不如說只要善加掌握誘發自身興致的技巧，
就能提高習慣養成的成功機率。

第1章
將介紹26個
方法改變你的
行動習慣

煩惱2 容易負面思考

「對自己沒有信心。」
「害怕失敗而無法採取行動。」
「一旦遭受批評就備受打擊。」

容易有這些感受的人，
只要採取自然而然誘發
自己興致的思考方式，
就能擺脫負面思考，
擁有積極正面的心態。

第 2 章
將介紹 18 個
方法改變你的
思考習慣

煩惱3

心煩意亂，沒有充實感

「因為不安和自我厭惡而心煩意亂。」
「找不到生命和工作的意義。」

你曾經有過這樣的感受嗎？
只要把焦點放在自己的感受，
整理內心情緒，心情就能穩定，
然後就能藉由尋求自己真正的渴望，
找到你真正想做的事和
生命的意義。

第3章
將介紹15個
方法改變你的
感受習慣

煩惱4 從一年前開始就沒有成長

「我想成長更多。」
「我想煥然一新，卻總是甘於現狀。」
「我想要蛻一層皮破蛹而出，卻總是甘於現狀。」
為什麼我們總是無法改變呢？
因為我們總是無意識地希望維持
「安全、安心、安定」，抗拒新的變化。
然而人是「近朱者赤」的生物，
因此只要改變環境，就能飛躍到成長的舞台上。

第4章
將介紹6個
方法改變你的
環境習慣

我一直這樣下去，
好嗎？

本書的閱讀方法

首先，序章是總論，請先從這裡開始讀起，掌握全貌。第 1 章之後依主題分別論述，從哪一個部分開始閱讀都可以。請從符合你自身需求的篇章開始。

此外，習慣養成的方法並不是 65 個都全數適用於每個人。為了讓你能夠察覺「這個方法好像適用於我，可以有效地誘發我的興致」，我在本書中介紹了多種方法。

你不需要把所有的方法都學會，而是要像吃自助餐一樣，只選擇適合自己的方法來實踐。

此外，我希望你可以將這本書常常放在手邊，當你找到自己希望養成的習慣，或是遇到瓶頸時重讀，這也是我當初書寫本書時的設定。

如果能助你一臂之力，使你透過習慣的養成而獲得理想的人生，我將感到萬分榮幸。

序章

透過習慣養成，打造理想人生

無法養成習慣，原因在於眼睛看不見的範疇

「決定一件事之後持續做，人生就會改變。」

相信沒有人對這句話有異議。

問題是，若你想要以意志力或毅力來克服習慣養成的問題，習慣的養成將變成一件苦差事，最終將落得後繼無力。

想成功培養一個新習慣，重點在於準確掌握妨礙習慣養成的瓶頸，看它在什麼地方，並對症下藥。事實上，有非常多的個案因為只將焦點放在無法養成習慣的表面行為上，因而始終無法解決問題。

冰山模型的深層結構

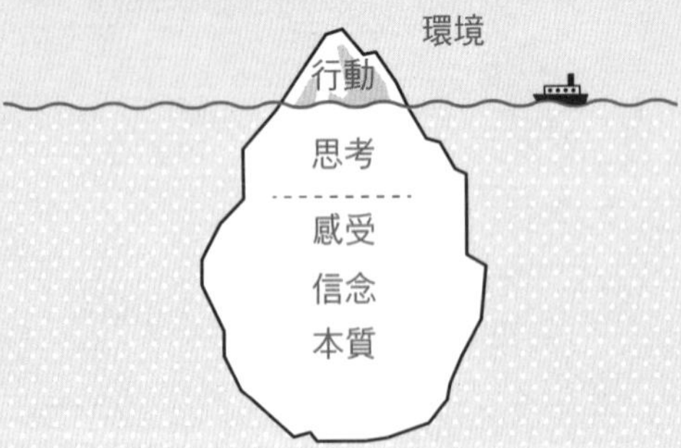

習慣之所以無法成功培養，其原因深藏於何處，可以使用右圖的冰山模型來洞悉其所在之處。我們將冰山的深層結構分為六個層次，一層一層來加以掌握。

一、行動層次的對策

「無法行動」、「無法持續」的現象，在冰山模型中是屬於表面的行動層次，浮在海平面上。

「無法持續學習英文」、「無法早起」、「戒不了酒」等問題，都可以從小小的行動開始，透過設定例外規則等行動習慣的技巧來加以解決。如果從行動層次著手，並且能夠養成習慣的話，事情就簡單了。類似的技巧，我將在第1章中介紹二十六個。不過在有些情況下，**妨礙習慣養成的瓶頸藏在更深的層次裡**。在這些情況下，會將焦點放在第二個層次以後的對策裡。

二、思考層次的對策

對於事物的想法或看法，是人們無意識一再重複的思考習慣。

遲遲無法採取行動或無法持續做一件事，這樣的人最具代表性的思考習慣，就是只能以零分或一百分來評價事情的極端完美主義。這些人在採取行動時會感受到想要拿滿分的強烈壓力，行動因而變得遲緩。如果出現一、兩天沒有持續做的情況，他們就容易陷入自我嫌棄，覺得「我不行了」而放棄。這些人只要採取鬆動完美主義思考的方法，就能動起來。我將在第2章介紹十八個針對思考習慣對症下藥的方法。

三、感受層次的對策

每次我在執行習慣養成顧問工作時總覺得，將焦點放在感受上至關重要。極端一點來說，開心、不開心的感受法則道盡了何謂習慣養成，「**開心就能持續，痛苦就做不下去！**」

只要感覺愉快就能持續，因此我將說明要怎麼做才能運用感受的力量持續養成好習慣、改掉壞習慣。此外，也要來看看我們的人生和生活被什麼感受所推動，來觀察我們的感受模式。如同行動和思考都有模式，我們的心所感受到的情感也有模式，我稱為「感受的習慣」。

四、信念層次的對策

試著思考「感受從何而來？」以冰山模型來說，是來自位於第四層的「信念」（我們無意識地相信是正確的事情）。

舉例來說，如果我們相信自己「什麼事都做不好」、「不如別人」，我們的心就會被無力、自我嫌棄、絕望等感受占據。這樣的負面信念會創造出感受，使我們停止行動，不再繼續。相反地，如果抱持著「有志者事竟成」、「努力決不會白費」的正向信念，自我肯定感和希望、勇氣就會湧現，成為採取行動的原動力。就像這樣，只要將感受轉為積極正向，行動就會隨之邁進向前。

五、本質層次的對策

存在於冰山最底部的是「本質」。正如同俗話所說「三歲定終身」，我們有著天生自然的性格、資質和欲求，很難隨著年齡增長而變化。這是每個人獨自的欲求，創造出比信念更加強烈的感受。欲求在最底層鼓動著我們的行動和習慣。

在下列的九項欲望之中，哪些是你強烈擁有的？

1 想追求完美

2 想感受人與人之間的連結

3 想達成目標

4 想發揮獨創性

5 想深入思考直到自己能夠接受為止

6 想感覺到安全、安心

7　想經常感覺開心

8　想感覺到自己的強大

9　想依自己的步調來做事

九型人格學（Enneagram）能有效瞭解每個人的性格及資質，而前述九項列出了九型人格學所述的「根本欲求」。想要成功培養新習慣，最重要的訣竅就在於善加活用自己的欲求架構。

例如，學習英語，如果你屬於「2想要感受人與人之間的連結」，找到合得來的老師或同學，應該會讓你樂在學習之中。如果你屬於「3想要達成目標」，或許先決定多益考試（TOEIC）的目標分數比較能激發你的熱情。而如果你是「5想要深入思考直到自己能夠接受為止」，那麼徹底蒐集有關英語學習法和英語教材等相關資訊，瞭解多方做法，並找出最有效的方法，集中心力，你就能向前邁進。

對於習慣的養成感覺棘手的人，有的是因為忽視自己的欲求模式，以至於運用不適合自己的方法，有的則是因為選擇和自己不同類型的做法來做為範本。然而，每個人的勝利模式、幸福模式各不相同。

此外，很有意思的是，只要順從個人本質，生活就會變得容易起來。正因為如此，內容會變得較具深度，而我想在本書中和各位一起探討。

第3章將介紹十五個方法，針對包含信念和本質的感受習慣來對症下藥。

六、環境層次的對策

前述的五個層次針對的都是自我內在，相對於此，環境層次談的則是朋友或公司等外在因素。

我們的行動、思考、感受、信念，強烈地受到置身環境的影響。舉例而言，每一家公司都存有公司文化、價值觀和行動規範，這些都會對我們自己造成影響。

童年時，我們會受到雙親和同學的影響，當我們成為社會人士，便會受到同事的諸多影響。因此，我們所交往的人或環境一旦改變，我們便會受到刺激，行動、思考、感受、信念也會隨之改變。過去，我曾參加由社會人士組成的讀書會，接觸到在當時就職的公司裡未曾遇過、覺知程度較高的人，因此領悟到「安於現狀不是長久之計，我還可以做得更好」，進而獲得突破自我界線的勇氣。因此**自身所處的環境，也是一種習慣**。

第4章，我將介紹六個針對環境來對症下藥的方法。

在本書中，我以改變習慣進而打造理想人生為目的，區分為行動習慣、思考習慣、感受習慣（包含信念和本質）、環境習慣等四個部分，介紹六十五個方法。

我把這六十五個方法當作一個一個的獨立項目來說明，盡量讓你方便閱讀，不過先讀過序章後，站在整體結構的基礎之上再開始閱讀本書，將更容易理解之間的關係。

九〇%的幸福來自習慣

「人生的目的在於追求幸福」，古希臘哲學家亞里斯多德如是說。

本書將重點放在提升生活品質，然而並不是把養成早起，一早進公司，晚上安排英語學習或運動這樣不浪費一分一秒的完美生活習慣當作是理想。退個一百步來說，就算實現了這樣的生活安排，所有人都過著這樣的日子，人生也不會因此變得豐富。

在本書中，我希望能助你一臂之力，讓你透過習慣的養成來獲得幸福、豐富的理想人生。

幸福的公式

$$H = S + C + V$$

H	S	C	V
Happiness	Set point	Condition of living	Voluntary activities
幸福	設定值	生活狀態	自發性活動
	看法、想法	事實、發生的事	自我掌控、規律・自由選擇
	40%	10%	50%

那麼，「幸福」是什麼呢？

是變有錢？還是出人頭地獲得聲譽？或是走入美好的婚姻？定義相當困難。雖然這個問題沒有標準答案，然而有一個觀點簡明易懂地傳達出何謂幸福，那就是正向心理學的「幸福公式」。我將帶入我自己的解釋來加以說明。

所謂正向心理學，並不是將心理學拿來治療心病，而是運用心理學來提升人生豐富的程度。

正向心理學中首屈一指的三位教授——索妮亞．柳波莫斯基（Sonja Lyubomirsky）、艾德．迪安納（Ed Diener）、馬丁．塞利格曼（Martin Seligman）所研究出一套幸福公式「H＝S＋C＋V」，就是「幸福（Happiness）＝設定值（Set point）＋生活狀態（Condition of Living）＋自發性活動（Voluntary activities）」。

也可以說，幸福是被「設定值」、「生活狀態」和「自發性活動」這三項要素所左右。我來簡單說明這三項要素。

①設定值：對於事物的想法或看法

這裡指的是在一般情況下你可以感覺有多幸福，這是你思考的設定值。即使遭遇同樣的情況，有的人會解釋為困境，也有人會視為機會。思考方式的差異會根植腦海，並且不會隨著時間產生多大變化。

正向心理學認為遺傳是難以改變的，然而我認為設定值會依思考習慣的不同產生變化。我們確實會受到遺傳和雙親強烈的影響，但透過訓練，後天還是有相當大的改變空間。**不過無論設定值是否可以改變，比起所發生的事實，針對這個事實我們如何解釋，將左右我們四〇%的幸福程度。**

②生活狀態：每天發生的事或人生中發生的事（幸運或不幸）

在這個理論中，發生的事情對於幸福感的影響程度約占一〇%。舉例來說，就算中樂透，對幸福程度的影響也不會長久。相反地，遇上公司倒閉或生病等不幸的情況發生，雖然短時間內會降低幸福的程度，然而最終還是取決於這個人所抱持的想法的設定值。也就是說，無論發生什麼樣的事，**依設定值以積極心態來面對的人，最終還是能在逆境中看見正向收穫**，而以負面心態看待事情的人即使身處幸運之中，意識也會集中在恐懼和不安之上。我們的感受確實會因為發生的事情不同而暫時高漲或低落，然而對於幸福程度的影響卻不會長久。

③自發性活動：是否從事自己所選的活動？是否依自己所選的感受生活？

被周遭的人事物耍得團團轉，或受到心情影響而失去了生活的規律，在感覺喪失自我掌控的狀態中，幸福感會下降。

在生活、人生、工作、家庭裡，不是「被迫去做……」而是「我正在做……」，透過找回自主性、主動、積極等特質，就能提升豐富的程度。自發性活動對於我們的幸福感受竟有高達五〇％的影響力。

人們之所以願意早起，不是因為公司的上班時間不得不起床，而是因為透過在自己決定的時間起床，可以找回了事情操之在我的感受。

此外，在人生中，以自己喜歡的、有使命感的工作也很重要。**如果感覺到「人生可以由自己選擇」幸福感就會一下子快速提升。**實際感覺到生活中保有自主性非常重要。

綜合前述，幸福感的結構是設定值四〇％、生活狀態一〇％、自發性活動五〇％。而「設定值（四〇％）」指的是思考習慣，「自發性活動（五〇％）」指的則是行動習慣，感覺到自己做著自己喜歡的事情，會對幸福感帶來影響。

幸福感的九〇％是依習慣而來，幸福和習慣的養成之間有著密切的連結。

習慣養成的關鍵在於「誘發自己的興致」

不知道你有沒有聽過一個關於沉船之際的笑話？這則笑話簡明易懂地表現出各國民族性和價值觀。

一艘載著來自各國遊客的豪華客船即將沉沒，然而救生艇的數量卻不及乘載所有乘客，船長因此勸說乘客自行投海，他依乘客的國籍不同來改變勸進的說法。

對美國人說：「跳下去，你就是英雄了！」

對義大利人說：「欸，海裡有美女在游泳呢！」

對英國人說：「所謂的紳士，就是在這樣的時刻往海裡跳的人喔！」

對德國人說：「這是規定，所以請你跳進海裡。」

對日本人說：「大家都已經跳下去囉！」

對韓國人說：「日本人已經跳下去了喔！」

這則笑話是一個例子，說明了不同國家國民的動機各不相同，這一點十分有趣。從這則笑話可以得知兩個啟示。

一、創造動機的結構各有不同

在這個例子中，因為在社會上被視為美德的行為不同，讓人有興趣去做一件事的開關也各自相異。這不只是在團體裡，每一個人受到刺激引發動機的點也各不相同。

二、懂得動機的運作方式，下點功夫就能改變心態

在這則笑話，船長只是稍微改變用詞如英雄、美女、規定等，就能激發動機，同樣的道理，早起、運動、整理也只需要下一點功夫就能讓你提起勁做到。

要改變自己的心，非常困難。但如果只要下一點功夫點燃自己的熱情，你是不是就覺得可以做得到了呢？

本書的主題，不在於勉強提升自己做事的幹勁或動機，而是要找到好的方

法，**讓自己願意去做**。如果能讓自己願意去做，自然能夠點燃動機。因此，先找到讓自己有興趣的開關非常重要。

以早起為例，先不想正確答案或對不對、訣竅等，而是先試著想怎樣才會讓自己有興趣。

曾經，人們將清晨的活動稱為「朝活」，流行一段時間，有些人因此養成了早起的習慣，然而這方法並不適合所有人。

有些人替自己準備有名店家的麵包，讓自己期待早起，有些人則是每天在臉書上發文昭告自己的起床時間，逼著自己，激發自己的意願。

也有人在陽台放把椅子，期待早起能邊喝咖啡邊看報紙。也有人因為喜歡上在安靜的通勤電車中讀書的感覺，因而能持續早起的習慣。

此外，也有人因為在晨跑之後上班，實際感受到早起是開啟一整天良性循環的關鍵，因而能夠持續。

運動也是一樣，不是所有人都到健身房就好，有些人因為夫妻一起慢走而能持續下去，有些人享受打網球的樂趣，有些人如果可以在不勉強自己的情況下游泳十五分鐘，就可以持之以恆。我則是因為練空手道的關係，只要是能夠增加身體運動強度的事情，就能讓我躍躍欲試。

此外，從別的角度來看，有些女性只要穿上可愛的運動服就願意跑步，也有些人喜歡和朋友繞著天皇所居住的皇居跑，更有人是訂下了目標，要挑戰鐵人三項或跑完全程馬拉松，因而能夠持續運動。

總之，**只要在行動上下一點功夫，就能點燃一個人的動機**。反過來說，如果因為微妙的差距而搔不到癢處，習慣的養成就不會順利。

我當過許多人的教練，在過程中，我漸漸認為，讓習慣和人生都好轉的竅門，在於學會「有意念地做自己有興趣的事，並且有勇氣放棄自己做起來不起勁的事！」

因此，我將本書的核心思想放在「巧妙地誘發自己的興致」。

「那件事，我做起來感覺有興致，還是沒有呢？」「如果提不起勁，用什麼樣的方法能誘發我的興致呢？」**對自己提問，是找到答案的方法**。「如何才能誘發自己行動的興致？」「對事情採取什麼想法、看法，能誘發我的興致呢？」「想要讓自己樂在其中，我的信念和欲求是什麼？」「能幫助我進入狀況的環境在哪裡？」

希望你能隨著本書，從行動、思考、感受、環境等習慣的六十五個面向來找到提起自己興致的方法。為了讓你能夠找到完全符合你自己的開關，我盡可能提供許多方法，使本書成為一本習慣養成大全。請挑選適合自己的方法，忽視那些不適合你的。

第 1 章

行動的習慣

克服拖延和三分鐘熱度

找到完全適合自己的行動開關

你有沒有以下這些煩惱呢？
沒辦法持續早起、運動、寫日記、學英語。
戒不掉暴飲暴食、花太多時間滑手機。
想要展開新計畫，卻因為害怕失敗而遲遲無法行動。
棘手的郵件、報告書等討厭的事情總是拖延處理。

「無法持續」、「戒不掉」、「無法付諸行動」、「總是拖拖拉拉」
你在行動方面的煩惱，是不是總括在這四個關鍵句上呢？

「無法持續」、「戒不掉」

- 早起（熬夜）

- 減肥（暴飲暴食）
- 整理收拾
- 英語學習
- 運動
- 寫日記、部落格

「總是拖拖拉拉」、「無法付諸行動」

- 討厭的工作總是拖延處理
- 麻煩的事情總是火燒屁股了才要做
- 第一次做的事情總是遲遲無法著手
- 無法朝著夢想和目標展開行動
- 累積了一堆未完成的工作

這些問題都不需要勉強以毅力來突破，藉由尋找誘發自己興致的方法，將可以輕鬆找到解決之道。

與其說這是技巧，不如說更像是哥倫布發現新大陸一樣，「原來如此！這樣我應該做得到」，藉由這樣小小的自我覺察來找到適合自己的方法。

只不過，人有百百種，因此很遺憾地，我沒有辦法提供標準答案。我所能做的，是盡量介紹多樣化的方法和線索，提供你自我覺察。

首先，我先簡單說明關於習慣的養成。我們為什麼無法持續去做一件事呢？從結論來說，因為大腦為了確保安全，有著「維持現狀，抗拒新變化」的功能。

我把這項功能稱為「習慣引力」。當我們想要養成新習慣或改變現有的習慣時，對大腦而言，這就是「**新變化**」，其中不分好習慣或壞習慣。大腦會拚命反抗這些變化，使得我們陷入三分鐘熱度的狀態。

另外，當我們的行為持續一段時間之後，大腦便會想要將這項行為「**維持現狀**」。我們之所以能夠不費吹灰之力地持續某項行為，是因為大腦已經進入了「現狀維持」的階段，而這正是習慣已經養成的狀態。一旦養成了習慣，無論是減肥還是整理收拾，都很難會再回到原點。習慣分為許多種類，收拾整理、英語學習、寫日記、節省等習慣的養成時間需要一個月。而減肥、運動、早起、溝通、戒菸等關於身體節奏習慣的養成時間，則請以三個月為基準值。

接下來，這裡最重要的，是持續下去的動力。

能夠點燃你的動力，是「胡蘿蔔（快感）系列的開關」還是「鞭子（強制力）系列的開關」呢？雖然答案也因你想要養成的習慣而異，不過還是可以依據你的性格粗略分為前述兩種。

我自己大致上是屬於鞭子類型，如果「向周圍的親友公開宣示我要一大早去上班，斷了自己後路」，我的開關就打開了。

另一方面，胡蘿蔔類型的人則是以「如果我能夠一大早進公司，就喝杯好喝的咖啡」或「如果減肥成功，我就買下那件喜歡的衣服」等來自於獎勵的快感為主，來提升自己的興致。

第1章，我將介紹改變「行動習慣」的二十六個方法。因為沒有萬靈丹能夠啟動讓人持之以恆的所有開關，因此請在閱讀的過程中找到適合自己的方法，希望你能找到三個左右提升自己行動的開關。

樂在其中為第一優先

不好玩

在習慣養成的過程中，沒想到「好玩」是相當容易被忽略的重點，因此我先從這裡介紹。

首先，請先讓自己從這樣的價值觀解放——「即使是痛苦的事，能夠秉持毅力堅持下去，才是美德」。

相信前述價值觀的人認為，做樂在其中的事只有玩樂而已。然而，勉強做不好玩的事，是不會長久的。習慣的養

不是從「應該做什麼」，而是從「我想做什麼」開始。

喜歡的事就會持續，
辛苦的就沒辦法

成若是只以技巧的論點來執行，是不會順利的。

為什麼呢？因為人是有感情的生物。**原則上，我們喜歡的事就會繼續做下去，辛苦的就不會。**

舉我的例子來說，我因為不喜歡跑步機，因此就算到健身房，怎麼樣都提不起勁。

可是我喜歡游泳，游泳是一件令我雀躍期待的事。

如果考慮到脂肪燃燒的效率，跑步或許大於游泳，然而，與其因此咬著牙跑我不喜歡的跑步機，選擇讓我樂在其中的游泳，我才能堅持下去，就長遠的角度來看，後者比較有效。

問問你

Q

對於現在打算開始做，或想要持之以恆的事，怎樣才能讓你樂在其中呢？

如果你想開始運動，網球、瑜伽、桌球、走路，什麼都好，請以自己是否樂在其中為第一優先標準來加以選擇。

我在前文中舉了運動的例子，然而早起或收拾整理也都是同樣的道理。

如果不先想好如何才能讓自己樂在其中，只是用義務和目標值來驅動自己，那麼你會一直很辛苦。

請依你「想做什麼」，而不是「應該做什麼」來開始第一步。

A

用你喜歡的電影當
作教材，學英語也
會變得開心好玩！

如果選擇網球
做為運動項目，
我應該就能持續！

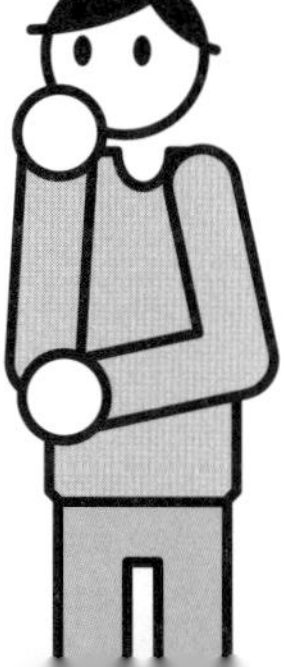

從「這個我會」開始著手

有一個人持續十年每天寫日記，我問他什麼是他持之以恆的絕竅，他的回答是「不勉強自己。只寫一行也好，但每天都要寫。」

是的，這樣的「嬰兒步伐」正是行動與持續的真髓。

所謂的嬰兒步伐，是指要開始做一件事情時，像嬰兒踏出小小的一步。

你曾經有過這樣的經驗嗎？在付諸行動之前心情非常沉重，然而一旦試著

最辛苦的是「第一步」，只要踏出去，動機便會隨之引發。

不是一下子就要求自己 5 點起床，
而是只比現在早起 15 分鐘

踏出第一步後，便提起幹勁，一步步做下去。

我們的行動從「0」到「1」需要非常龐大的能量，然而從「1」到「2」或「3」，卻不需要這麼多的力氣。第一步需要最龐大的力道。

無法持續進行的人，幾乎都是完美主義者。

因此，他們不會想到日記只寫一行就好的辦法，總是提高門檻「要做就做到好，不好好做就沒有意義」。

可是無意識提高的門檻，卻變成基本的目標值，使你愈來愈無法採取行動或持之以恆。

以「嬰兒步伐」踏出第一步的習

Q 對你來說，能讓你馬上踏出的「嬰兒步伐」是什麼呢？

慣，是一個強而有力的對策，可以一口氣解決拖延、無法持續、無法付諸行動等煩惱。

重點在於徹底降低行動門檻，直到「很麻煩」、「害怕」、「不安」等感受不再出現為止。

還有一個重點是，為了能夠持之以恆，即使降低第一步行動的門檻，也絕對不讓行動歸零。

〈嬰兒步伐的具體設定方法〉

- 慢跑↓換上運動服
- 減肥↓午餐飯量減半
- 整理收拾↓只整理五分鐘、只把廁所打掃乾淨

A

只是換上運動服。

先從 5 個
伏地挺身開始。

只早起
15 分鐘。

- 戒酒↓三杯啤酒減為二・五杯
- 早上五點起床↓比今天早起十五分鐘

像這樣，你是不是就比較能踏出第一步了呢？

習慣開關

03

先做做看或放棄看看

試著在晚上跑跑看

在感受的層次上覺得完全適合自己的事，就能毫不勉強地持續做下去。

實際試著做做看，你就能清楚知道自己是否能提起興致。

舉例來說，假設你決定了要「每天運動！」

為了想要知道什麼運動才能激發你的興致，我建議你先試試幾項你覺得看起來不錯的運動。

如此一來，你的身心就會讓你知道

多方嘗試，並選擇適合自己的。

試著在早上跑跑看

「跑步真舒服，真讓我驚訝！」或「網球沒有我以為的那麼好玩」。

此外，當你無法決定「早上跑好，還是晚上跑好呢？」這時候先試著兩個時間都跑跑看。

關於持之以恆的好處，晨跑的人會說：「清晨十分安靜，呼吸著冰冷的空氣一邊跑步，舒服得不得了！」

相反地，晚跑的人則會說：「晚上跑步能夠消除工作的壓力，洗滌今天的焦慮、對明日的不安，為一天畫下句點。」

沒有正確答案，你試著做做看，選擇能誘發自己興致的。

不只試著去做，也可以試著「不

Q

你想要實驗看看做什麼，或不做什麼呢？

做」，這個方法也很有效。

例如，「試著一週，早上十五分鐘先不看郵件」、「看起來沒有必要的例行性會議，先停辦兩週」、「過晚上十點關掉手機，先試三個晚上」、「花三天時間試著準時下班」，以這樣的程度實驗。

你或許會擔心什麼都不做可能造成損失，然而如果不試著暫停一小段時間，你可能不知道會造成什麼傷害。如果真的造成傷害，回到原點就好。以這樣的安全為基礎進行實驗，試著不做什麼，如果結果是好的，再採用就行了。

因為決定了，「所以要一直做下去」；或因為決定不做了，「就都不能做」，這樣只是跟自己的興致唱反調。

A

這個週末
去上一次網球的
體驗課程看看。

為了不再
沒完沒了地加班，
先準時下班
3天看看。

試著實驗看看，採取適合的，如果行不通，再想各種辦法來修正軌道。

用「例外規則」來度過辛苦的日子

提不起精神時，教科書讀一頁就好

「每天讀英文一個小時。」
「每天早上五點起床。」
「每天跑步三十分鐘。」

即使你這樣決定了，要遵守同樣的步調維持一個月，是極為困難的事。

舉例來說，就算你決定要「每天讀英文一個小時」，也可能「因為突發狀況而必須加班，搭最後一班電車回家」，或「被上司打槍，心情低落」、「因為睡眠不足而感到疲憊，做什麼都

在習慣的養成上訂「例外規則」，任何情況都能彈性對應。

加班日的英語學習只要做到「在電車上背單字」就 OK

提不起勁」、「因為跟大家一起去喝酒，醉得無法專心念書」等，發生種種超出日常規律的事。

因為這些超出日常規律的突發狀況，我們可能做不到自己想養成的習慣，連續幾天下來將陷於自我嫌棄當中，或感到無力、沒勁，於是就容易困在挫折裡。

為了預防這樣的情形發生，讓我們先設定「例外規則」。

所謂例外規則，指的是針對超出日常規律的突發狀況，事先將對策規則化以彈性應對情況變化的一種手法。

例如，「情緒低落或疲倦時，只要

Q

在習慣養成過程中，可能發生什麼超出日常規律的突發狀況呢？如何設定例外規則呢？

讀一頁教科書就好」或「如果晚上十一點之後才回家，只要在回程的電車中讀單字本就好」等規則。

例外規則不是為了寵壞自己，而是為了讓自己保持彈性以便持之以恆。

有強烈完美主義傾向的人尤其容易認為，如果不完美，「就跟沒做一樣」。因此，對這樣的人而言，例外規則是非常有效的。

習慣養成的訣竅，在於上軌道之前絕不讓行動歸零。

從零要再開始啟動，需要耗費龐大的能量。

當你疲勞或行程滿檔時，請善加活

A

疲倦時不要跑
一個小時，只要走
個 15 分鐘就好。

加班的隔天早上
不要「5 點起床」，
「7 點起床」就好。

用例外規則，讓自己感覺「我沒有回到原點，今天大致上還是做到了。」

習慣開關

05

從形式著手

買下高價的高爾夫球一號木桿
來提振我的士氣！

很多人說：「我是從形式著手的類型……」

這絕不是壞事，對於提高習慣養成的動機，這是非常有效的方法。

有一位女性為了養成每天繞著皇居跑步的習慣，豁出去買下了高價的可愛運動服裝。

「既然跑步對身體好，又能讓自己看起來很可愛，那我就努力加油吧！」

準備一些提振士氣的小工具，讓自己進入狀況。

買下好看的運動服，讓自己期待出去跑步！

她因此感到興致勃勃。

高爾夫球也是一樣，很多人是透過買下高價的球桿或球服，來提振自己的士氣。

為了讓自己的技術能夠配得上高價的球桿，因此勤奮練習。

此外，就算是做讀書筆記，只要先買下自己願意經常攜帶的高級筆記本或書寫工具，自然就會想拿出來寫。

如此一來，自然而然就能養成書寫讀書筆記的習慣。

我在二十幾歲時，曾經上繪畫教室學畫。

我買了畫架，還有一整套的彩色畫

Q

從什麼樣的形式著手，能讓你提起勁來呢？

具和素描用的鉛筆。

我想要成為一名畫家，希望自己的繪畫實力可以配得上這些豪華的繪畫工具組，也因此充滿熱情地往返繪畫教室學習。

對於只要買下一整套專業工具或服裝，幹勁就能一下子湧上來的人，請務必實際運用這個方法。

當你在採取行動時，如果從形式著手能夠讓你進入狀況，請好好地利用這個方法。

A

買齊自己喜歡的
一整套工具。

買下好看的
專業服裝。

習慣開關

06

和別人一起做

如果有熱中此道的朋友一起，
就能毫不鬆懈地努力下去

有些人只要和別人一起做些什麼，和他人共享熱情，就會覺得起勁。

我父母把走路當作每天的功課，至今已經二十年以上。他們說：「正因為兩個人每天一起散步，才得以白頭偕老。」

原因不只在於這段一起散步的時間，還有實際感受到彼此都變得更健康的功效。此外，這段時間兩個人也可以談論孩子或孫子，這些都是得以持之以

只要找到共同努力的朋友，就能樂在其中並持之以恆。

兩個人走路就能一起聊天，因此能夠不厭倦地樂在其中

恆的重要原因。

我的一個朋友經營一個分析家庭記帳本的社群。

一般或許會認為家庭記帳本的分析是個人行為，然而，記帳這件事雖然可以獨力完成，分析其內容的門檻卻是相當高。

如果不加以分析，記帳的效果就會非常有限。

因此，在該社群中，有著相同煩惱的人每月一次帶著家庭記帳本齊聚在研討會教室，默默地專注回顧、分析帳本內容。

聽朋友說，他們並不是因為要向人討教什麼所以才聚在一起，而是**只要到那個空間，大家都因為相同的目的而專**

Q

和誰一起做能讓你開始行動或持之以恆呢？

注、分析，自己也能夠進入深入思考的模式裡，進而湧現出改進的想法。

準備資格考試也是一樣的道理，比起一個人默默地閉關在家裡讀書，到補習班去的話，有一群抱持相同熱情的人可以感受到他們的能量，動機就能隨之提升。

周圍的人會影響我們。

如果你有想做的事，可以試著從邀請誰一起做，也可以參加既有的社群。

有時候，透過和別人一起做，能夠讓你感受熱情，因而得以持續下去。

A

每週三和
朋友一起跑皇居！

加入朝活社團
就能讓我早起。

習慣開關

07

模仿他人

提升自己興致的行動開關，在於來自別人的經驗裡。

舉例來說，如果你想要持續學習英語，可以試著問問看「持之以恆的人」是怎麼做到的。

A說：「我是週末在圖書館讀書喔！」

B說：「我是在通勤時聆聽學習法的教材。」

詢問成功養成習慣的人，參考他們的經驗，並試著模仿。

我是假日在圖書館讀書喔！
我就是在通勤的時候一直聆聽超強速學習法的教材。
我是一早用SKYPE軟體上英語會話課程。

C說：「我在清早用Skype英語會話課程，這樣我也能早起，一舉兩得。」

D說：「我以多益考試八百分為目標來努力。」

E說：「我在週末安排了和孩子們一起學習的時間。」

F說：「我以TED演講為教材，每天聽一場來學。」

十個人就有十種方法。

在這些資訊中，**沒有正確答案，只要試著去做讓你能提起興致的方法就可以了。**

其他還有時間管理法等各式各樣有效的方法和技巧。

Q 要如何蒐集具體實踐過的經驗呢？

例如：郵件的回覆方式；提案書的書寫方式；向上司報告、聯絡、談判的技巧等，你也可以透過詢問這些具體的經驗來找到適合自己的方法。

「模仿」之所以比學習訣竅來得不費工夫，是因為我們的行動在實踐的層次上相當明確的緣故。

不僅限於讀書方法或時間管理法，無論什麼事情，我都經常這樣向周圍的人打聽「超級經驗談」。

重要的是，我們對於習慣養成的靈感會隨之提升。

在每次得知各式各樣的人所下的功夫後，自己的想法範圍就會隨之拓寬。

不過，如果不方便直接向人詢問，

A

向朋友打聽到他所建議的筆記本之後，我自己也試著使用看看！

向職場上的同事問問看確認郵件及回覆的技巧。

活用網路也是一個辦法。

從網站或社群網路服務（SNS，Socail Network Service）中可以得知許多人的具體實踐經驗。

在得知他人的經驗後，你會覺得「喔！那很不錯！」或因此得到靈感。

透過這樣的方式想到的實踐方法，會非常適合你自己，也容易持之以恆。

為自己準備獎勵以提振士氣

完成這個大型專案之後，
我要去旅行！

雖然這不是什麼特別的方法，不過為了提升持之以恆的動力，為自己準備獎勵是相當有效的。

當你要開始一項必須要鼓足幹勁才能進行的工作，或是要和辛苦的任務交手之時，在自己的面前垂下「胡蘿蔔」還是很有用的。

你可以依你所要做的事情進行種種嘗試，為自己準備大大小小的獎勵。

例如：「如果我去慢跑，就在洗完

將工作分為數個段落，並準備會讓自己開心的獎勵以提升士氣。

完成一項任務之後，就讀 15 分鐘的書

努力工作一天後，在酒吧裡稍作歇息

澡之後喝一杯啤酒」、「如果我早起，就悠閒地喝杯咖啡，讀份報紙」、「如果我有效率地完成工作，就提早下班去看電影」……類似這樣程度的獎勵。

此外，當工作進入繁忙期，持續過著總要加班到深夜的辛苦日子，此時如果你能為自己設定獎勵，「過了這一關後，我要請兩天年假去泡湯！」或許你的心情會稍微開朗一些。

當然不只有大獎勵，完成一件工作之後就「為自己泡杯紅茶」、「吃點心」、「聽聽喜歡的音樂來轉換心情」等，每天利用短短的時間就能享受的小小獎勵，這也是有效的。

Q

什麼獎勵能成為你的動力？

我的寫作習慣是在專注九十分鐘之後就告一段落，然後閱讀十五分鐘自己喜歡的書籍。

這樣的寫作習慣能帶給我繼續努力的欲望，也能轉換心情，對於讓我恢復精神再次展開寫作工作是很好的方法。

雖然在這個時候看看YouTube的影片來轉換心情也是一個辦法，但可能會讓我因為受不了誘惑而遲遲無法再開始寫作，因此對我來說，讀書是最恰到好處的獎勵。

此外，努力工作一整天後的獎勵，我最期待的，是在晚上看一齣大河劇*。

學習歷史不但有助於我的工作，更棒的是在愉快地觀賞之後，在我的心中還留有餘韻可以回味。

慢跑之後，
喝一杯啤酒。

A

晚上觀看影集，
犒賞辛苦一天的
自己。

這些都是小事，然而對於全力以赴的自己，卻是開心的習慣。

請試著像這樣在不同的時機給自己不同的獎勵，善加維持自己的動力。

＊日本放送協會（NHK）每年製作的電視連續劇，以日本歷史的人物或是一個時代為主題。

習慣開關

09

寫下紀錄以感受成就感

寫下記錄，使我更有動力！

你有沒有過這樣的經驗呢？

在我小時候，當地政府鼓勵孩子們在暑假時每天到定點做收音機體操*。

說真的，對當時還是孩子的我來說，這是一件苦差事。姑且不論大人們是怎麼想的，應該很少有孩子會為體操賦予「暑假期間也要過著規律的生活，因此，做收音機體操是一個必要的生活習慣」的意義吧。

將成果和付出的努力數值化，就能提高動力。

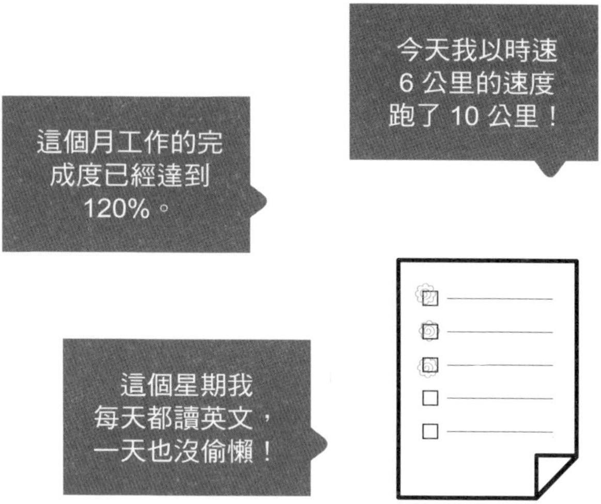
今天我以時速
6 公里的速度
跑了 10 公里！
這個月工作的完
成度已經達到
120%。
這個星期我
每天都讀英文，
一天也沒偷懶！

不過，明明是心不甘情不願地去做收音機體操，在出席卡上蓋章之後，不知道為什麼我的興致就來了，甚至覺得「還好我沒有賴床，來這裡做了體操」，真是不可思議。

這是因為我不想讓出席卡上出現空格，蓋滿章的成就感點燃了我的動力。

如果全勤的話，還能拿到許多的糖果餅乾作為獎勵，不過我想，最重要的還是「我今天也做到了」的成就感，提升了我的幹勁。

除此之外，有些人**透過將自己所付出的努力化為數字，就能增加動力。**

＊一種跟隨廣播進行身體鍛鍊的徒手操。

Q

什麼樣的紀錄方式能成為你的動力呢？（○△×或數字等）

說到計步器為什麼有助於走路運動，是因為它將我們付出的努力以數字的形式回饋給我們。一旦無形的努力化為數字，就能點燃人們心中的幹勁，「我再多加把勁吧！」

在跑步時，配戴心率監測器來測量時間，就能夠知道自己以一公里幾分鐘的速度在跑，還有脂肪燃燒率等，這些都支持著我們繼續做下去。

最近，有一項檢測可以綜合評量我們的睡眠時間和睡眠品質。

有了這項「睡眠評分」，我們就可以知道今天是八十三分，昨天是五十分，淺度睡眠的時間較多，因此想出改善的辦法或湧上改善的欲望，例如：戒

A

製作紀錄卡，
為〇〇做記錄。

用智慧型手機記錄
跑步的距離和時間。

掉睡前飲酒、運動後再就寢、提早三十分鐘上床以增加睡眠量等。

如果透過寫下紀錄，或將成果化為數字能夠誘發你的興致，請務必要試著活用這些方法。

習慣開關

10

跟大家討「讚！」

我每天吸地板，沒放過任何一天，
老婆稱讚了我！

A在早上慢跑後，一定會把智慧型手機裡的跑步紀錄分享在臉書上。

雖然這麼做也可以用來回顧自己的紀錄，但再怎麼樣都比不過從臉書好友和慢跑同好那裡得到「讚」，更能觸發他的動力。

「你今天也起得很早耶！」
「早上的空氣，感覺真舒服耶！」
「我也和你跑了同樣的距離喔！」

博得大家的讚美，藉此提升自己的動力。

在我跑完半程馬拉松之後，
朋友說我「好厲害！」

如果我能在一年內讀完一百本書，
就在 SNS 上面向大家要「讚！」

從同伴那裡得到這樣自然不造作的反應，讓人心花怒放，因而能夠持續。

尤其是上傳風景照，大家的反應都很正面，因此尋找今天要發文的景色，也就成為興致之一。

我向訂閱電子報的讀者進行內容介紹，同時召集擁有相同目的的網友，經營以習慣養成為目的的社團，如「減肥社團」、「早起社團」、「成果產出社團」、「閱讀社團」等。

在這些社團中，成員們分享自己的成果，並且互相按讚。

「想要被某個人稱讚、認同」，這樣受人肯定的欲望，是人類的根本欲望之一。

透過「受到認同」、「受人稱

Q

向誰、用什麼樣的方式向他要「讚！」最能激發你的幹勁呢？

讚」、「向人要讚」的快感來激發我們的行動，是依據動機原則所採取的一種做法。

每一天的小習慣如果每一次都要靠自己稱讚自己，是非常困難的一件事。

在這個時候，你要不要試著讓別人來代勞呢？

A

如果早起，
就在臉書上貼文，
向大家要「讚！」

「戒酒這你一直
沒破功！」請
老婆稱讚。

習慣開關

11

尋找提升自己幹勁的工具

如果專注力下降了，就一邊聆聽大自然的聲音，一邊工作

我在製作資料時，總是會設定碼錶倒數計時，在決定的時間內完成。在寫作文章或書寫提案書時也是一樣。

就我而言，切割出塊狀時間可以讓我全程專注，在這段時間中的有效工具就是碼錶。

我現在所使用的 Nokia 手錶是我在習慣養成上的「夥伴」，它發揮相當大的作用。

這是一只相當時尚的手錶，乍看

充分運用能夠自然而然激發你動機的工具。

添購拖鞋或是靠墊，為自己打造舒適的作業環境

在「就是今天！」的關鍵日子裡，穿上戰袍一決勝負

不像運動手錶，還具備多項功能。它的計步功能、卡路里消耗等運動記錄，還有睡眠記錄、鬧鐘、手機來電通知等功能，是一項一石五鳥的工具。

麻雀雖小，這只手錶卻能自動記錄我的運動和睡眠，鬧鐘也是以震動的方式提醒，因此即使在早起的日子裡我也不會造成家人的困擾。

像這樣善用工具來提升自己的興致，也是方法之一。

「換一雙在辦公室裡穿的拖鞋」、「幫椅子換個鬆鬆軟軟的靠墊」、「買下心儀的鋼筆，邊寫邊思考」等，光是在身邊的小物下功夫，就能提起興致。

Q

你想用什麼工具來提升自己的幹勁呢？

還有其他方法，例如：

- 將電腦桌面調升到視線的高度，如此一來肩膀便不再痠痛，姿勢也變得更加正確。
- 將靈感寫在A4大小的空白筆記上，就有更多的想法湧現出來。
- 運用N次貼就能輕鬆排出工作的優先順序。
- 在桌子擺上觀葉植物，就能在工作時感覺療癒。
- 工作時傾聽大自然的聲音，注意力就能提升。

有時候，僅僅像這樣善用小工具，就能改善職場環境，使你專注工作。

為求專注，切割出塊狀時間，並以碼表倒數計時。

A

在亮眼的筆記本上寫下目標，並且隨身攜帶。

在時機上下功夫

在回家的電車中計畫明天的工作

「只要決定什麼時候去做就好」，這個方法能大幅提升行動力。

在行為動機科學中，有一項手法名為「有條件的計畫」（If then planning）就是透過明確決定出行動的時間點——「什麼時候做？」「什麼時候之前做？」可以讓行動變得更加容易。

假設上司要求你每週提交當週報告，下述兩種說法，哪一種指示是身為部屬的你比較能夠遵守的呢？

只要決定時間點，就容易養成習慣。

每天早上上班前在
咖啡廳攻讀 30 分鐘

在上司吃完午餐後，一定
找他進行報告、聯絡、商量

1　請你每週確實提交當週報告！

2　請在每個星期五的下午四點之前，提交當週報告！

我想2的說法比較容易讓你完成行動。只要加上行動的時間點，大腦所接收到的強度就會大幅提高。

有研究結果顯示，「透過設定有條件的計畫，可以讓人們付諸行動的可能性多出三〇〇％」，由此可見這是一個相當有效的辦法。

有位經理人決定要「和部屬進行溝通」，然而在極其忙碌的情況下總是無疾而終。在他決定時間點，也就是「在朝會後花五分鐘和部屬面談」後，每天都做得到了。

Q

要進行該項行動或養成該項習慣，最適合的是「什麼時候」、「在哪裡」呢？

我們在日常生活中，可以從幾個角度找到恰當的時間點，例如：「早上起床後馬上」、「在往返的通勤電車上」、「走路時」、「在辦公室自己的座位上等待電腦開機的那段時間」、「午餐時間」、「洗澡時間」、「睡覺前」等。

此外，如果能在計畫中加入地點，就更容易在日常生活中付諸行動：

- 早上，〈在公司附近的咖啡店〉，花三十分鐘讀英文。
- 每天，〈在通勤電車內〉，花十分鐘計畫工作、安排優先順序。
- 在會議前，〈在休息室裡〉，花十五分鐘整理自己的意見。

A

朝會後
花 5 分鐘與
部屬面談。

洗完澡後
在寢室花 10 分鐘
做伸展操。

只要將時間點放進計畫裡，就能提升行動力和持之以恆的機率。

公開宣誓，切斷自己的後路

多益考試我要拿到 800 分。
我要早上 8 點進公司。
我要戒菸！

「對他人的承諾」和「對自己的承諾」，哪一項你會先做到呢？

問到這個問題，應該有九成以上的人會回答「對他人的承諾」吧。

雖然是誠意的表現，但也是因為你不想被討厭，也不想被人當作是傻瓜吧。

每個人都希望讓別人留下好印象。

所以借力使力，這就是「公開宣誓的效果」。

公開宣誓後，就能下定決心「除了行動，沒有別條路了！」

之前，我為了持續做到每天七點進公司上班，每天拍下公司時鐘，上傳到我所經營的社群上。

身為版主，在習慣的養成上不能容許失敗，因此無論如何我都要趕在七點之前進公司，否則以我的身分而言就太丟臉了。

對我來說，這種緊張感讓我得以戒除想要熬夜的懶散心態，也是一股動力幫我驅趕早上的睡魔。

我在十五年前戒菸時，也在部門內部聚餐的場合上公開宣誓，斷了我自己的後路。

當時的公司前輩跟我說：「你絕對做不到！」反而激出我更強大的動力。

Q

向誰、做什麼樣的公開宣誓，可以斷了你的後路呢？

有一個人是自發性地養成習慣，在早上發信給上司，告知業務記錄和下班時間等目標，藉此創造出自己對於時間和工作效率的緊張感。

另一個人則是向同事宣告半年內多益至少要考七百分，藉此翻轉他的怠惰心態。

對有些人來說，公開宣誓的方法並不怎麼有效，然而事情因人而異，對有些人而言，和他人的約束會形成強而有力的強制力，推著他行動。

如果切斷後路能夠打開引發你幹勁的開關，請務必試試看。

A

向上司承諾每天
早上八點進公司。

在職場上公開
宣誓「我從今天
開始戒菸！」

習慣開關
14

設定可以點燃熱情的目標

對於擁有強烈的「達成欲望」，總是想要完成什麼計畫的人來說，**設定可以讓自己燃起動力的目標，是引發動機的關鍵**。

舉運動為例，對這類型的人來說，設定「每天跑步三十分鐘」例行公事的目標是沒辦法讓他們鼓足幹勁的。不過如果有個刺激的目標，如「跑完全程馬拉松」或「參加鐵人三項賽事」，就能一下子打開他們行動的開關。

對例行公事不來勁的人，請設定可以讓你燃起熱情的目標！

我也一樣，當我把養成運動習慣視為目標，並決定參加「極真空手道的比賽」後，我的幹勁開關馬上就打開了。

在運動激烈且採取全接觸打擊的極真空手道中，如果平常沒有確實做到體力訓練和肌肉鍛鍊，不但容易受傷，也沒有資格參加比賽。

我因此可以激勵自己每天運動，同時進行肌肉訓練，致力於日常的鍛鍊。

重點不在於實現最後的目標，而是讓自己想做。

不過，受到欲望驅使的人必須留意，你的努力不可以只集中在短暫的期間內。

這類型的人在起步時雖然像火箭發射一樣衝得極快，卻容易在短時間後失

Q

能提升你動力的目標是什麼？

去後勁。因此，在設定遠大的目標後，也要落實在每天的行動中，慢慢養成習慣，這很重要。

無論是鐵人三項、資格考試的準備或英語學習，養成每天行動的習慣都是成功的關鍵。如果設定一個具刺激感的目標可以讓你感覺興致勃勃，那麼請你務必要試著為自己設下目標。

「持之以恆的開關」早就存在你的心中，重要的是找到它。

A

半年後，跑完全程
馬拉松賽事。

三個月後，
多益考到
800 分！

習慣開關
15

把「不想吃虧」的心理轉成活力

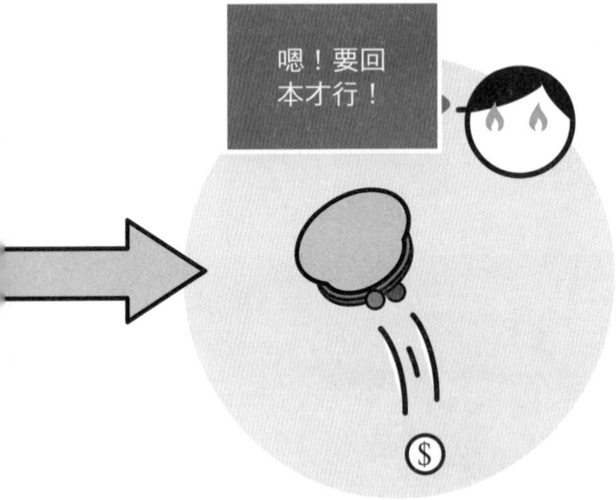

「我才不想吃虧」這樣的心理是人之常情。

如果你投資了一筆金錢，想要不損失的話，你該怎麼做？

答案是，交出成績來。

有些人即使在決定「好，我要開始做了」卻依然無法長久維持動力，在這些人當中，有一類型的人可以透過投資金錢讓自己無路可退，藉由點燃回收資金的欲望來提升自己的幹勁，「錢都丟

先付出金錢，「成績差就無法回本！」如此一來就能努力！

進去了，不做不行！」

- 買下數萬元的英語教材。
- 報名證照考試補習班一年的課程。
- 為了雕塑自己的身體曲線，和個人健身教練簽定半年的合約……

透過付出金錢來堅定自己堅持到底的決心。

要怎麼充分利用這樣的心理運作呢？戰略是自掏腰包。

我在二十五歲時，為了磨練自己的思考能力，找了可以自行在家進修的優質教材，最後找到了「問題解決講座」。

這是一門在收到DVD和教材之

問問你

Q

你會因為付了錢，就會付諸行動或有持續下去的動力嗎？如果是的話，你要投資在什麼地方呢？

後，自行埋首攻讀的課程。

我認為自己身為上班族，為求自我成長，必須要有問題的解決能力，所以乾脆買了價值二十萬日圓的課程。

我拿獎金做了這一筆投資，為了值回票價，我拚命讀書。若是不在半年之內完成這門課程，就沒辦法取得資格證明，因此我更是鼓足了幹勁。

我真的是在那半年內投入了平日晚上和週末的所有時間讀書，直到現在，那些課程內容都還是我的養分。

當然也有人說：「我的投資理財的教材都沉睡在書櫃裡。」

這個道理可以套用在本章的所有篇幅裡，那就是沒有一個動力開關是萬能

A

我買了數萬元的
英語教材。

我和健身房綁下了
半年的合約。

的，沒有一個動力開關可以對所有人發揮功效。

只有適合自己和不適合自己的開關而已。

請採用那些觸動你內心的方法。

自掏腰包是讓你燃起了幹勁，還是反而成為心理負擔使得你心情低落，請傾聽自己內心的聲音加以判斷。

塑造自己所憧憬的理想

「我想變成那樣！」這種憧憬可以成為持之以恆的動機。

有一個人從不成材的上班族搖身一變成為知名的部落客，他藉由跑步跑出一條自己的路來，獲得成功，迎來轉機。我的一名客戶N先生對他的部落格產生共鳴，因此也像他一樣，三百六十五天全年無休地持續跑步。

該名部落客在上班族生涯中的失意故事，恰好與N先生的現狀相似，使他

「我想變成那樣！」這種憧憬可以讓我們抱持幹勁，持之以恆。

得以抱持強烈的憧憬「如果我也毫不懈怠地持續跑步，我的人生或許也可以像他一樣有所改變」，至今三年了，他依然持續著跑步的習慣。

N先生說，當他把跑步當成每天的例行公事之後，不但減輕了每天的壓力，也提升了自我形象。除此之外，他也找到了夢想。

他的跑步始於憧憬，後來成為一個習慣，讓他每一天都實際感覺到自己的成長。

「我想要擁有和○○一樣的身材」
↓開始進行肌肉訓練吧！

「我想和○○一樣用漂亮的發音流利說英語」↓開始學英文吧！

「我想像○○一樣在大家面前帥氣

問問你

Q

誰是你所憧憬的？

地做簡報！」→開始進行簡報練習吧！

讀書、運動、新的學習也是一樣，「我想變成那樣」，抱持這樣的憧憬和理想可以幫我們打開動力開關。

只要找到了自己的憧憬，就能成為一股了不起的動力。你要不要也試著發現自己心中嚮往的憧憬，把它化為持之以恆的精神食糧呢？

A

我想擁有和
蘋果創辦人
史帝夫・賈伯斯
一樣的簡報風格！

我想和日本演員
武田真治一樣
全身都是肌肉！

設計誘發自己興致的慣例流程

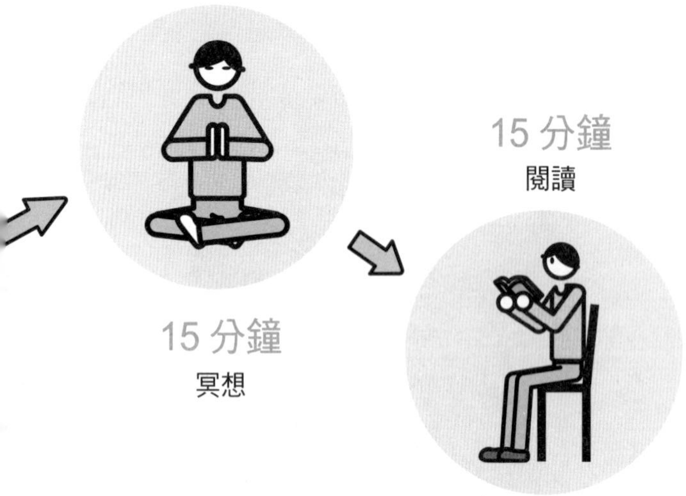

一日之計在於晨。

一天的開始是順利還是後繼無力，會大大影響你的生活品質。

你在早上睜開眼睛之後，活力全開之前，都做些什麼呢？

有人說，他把淋浴當作是開啟一天的儀式，因為淋浴之後神清氣爽，能帶來好的生活節奏。

「拉開窗簾，沐浴在陽光下」、「按下鬧鐘之後，在棉被裡慢慢地進行

進行讓心情上軌道的例行公事後，就能順利投入工作。

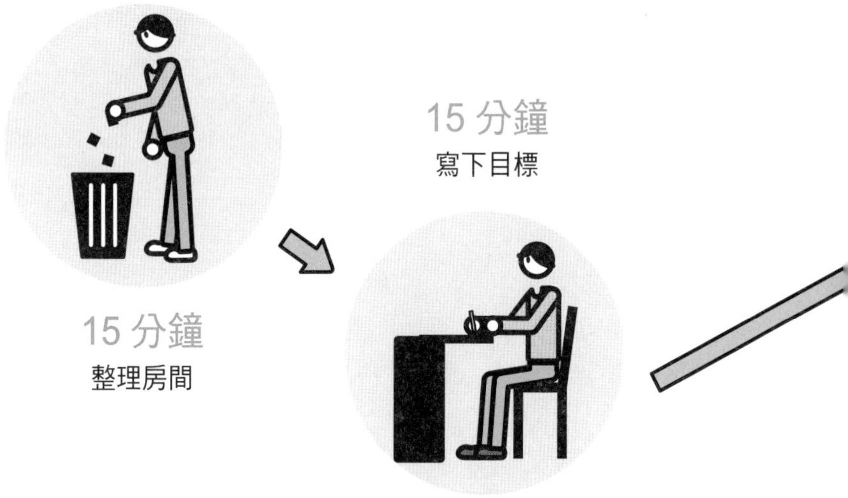

伸展操」、「喝杯溫暖的咖啡」、「幫陽台的植物澆水」等，每個人的晨間儀式各不相同。

我在晨起之後，會邊喝咖啡邊深呼吸，品嚐咖啡的香氣，然後邊聽播客（Podcast）一邊吃早餐。播客和電視不同，視線不會鎖定在螢幕上，因此，晨間的準備和啟動都會很順利。

到辦公室後，進入寫作或其他創意工作之前，**我會進行一些慣例流程讓自己的心情上軌道，也活化自己的頭腦**。

現在，我的慣例流程是「整理辦公室」→「寫下目標或是願景」→「安靜冥想」→「閱讀古典書籍」。每一項我

Q 什麼樣的「晨間慣例」可以為你打造順心的一天？

都以碼表設定十五分鐘，分段進行，如此一來正好是一個小時。

當我確實準備好清晰的心思和頭腦，上午時段就會投入寫作等創意工作。經過晨間一小時，我內在的開關模式已經呈現開啟的狀態。

光是進行這樣的晨間慣例，就能讓創意產值一躍而起。

這是我個人的例子，請你也試著設計一套自己的晨間流程，透過清晨的第一步為自己熱機，進入好的狀態。

如果能夠打造出最能讓自己順利提振精神的流程，那一天因為百無聊賴的

A

早上在喝完咖啡
之後靜坐冥想。

聆聽讓我心情
飛揚的曲目，
展開新的一天。

心情而虛耗的程度就會降低，使你更容易掌控自己。

就讓自己「一心二用」

邊洗澡邊……

邊吃飯邊……

「沒有時間！」

沒什麼是比這更大的行動阻礙。很多人雖然想要開始做一件新的事情，卻因為忙碌而抽不出時間。

對這樣忙碌的人而言，我有一個珍藏的辦法平時不對人說，那就是「一石二鳥作戰法」。

在展開一件新行動時，只要附加在目前正在進行的事情上，「一心二用」，就能解決時間不足的問題。

「只要運用一石二鳥的方式」，就算再忙也能做得到。

邊搭乘電車、公車邊……

邊等候邊……

邊走路邊……

那麼，什麼時候是一石二鳥的最佳時機呢？

通勤時間、步行時間、等候時間、吃飯時間、洗澡時間等。

我因為在全國各地進行演講和顧問工作的關係，移動的時間頻繁發生。

這些時間對我來說都是「最好的學習時間」。

我會在智慧型手機中放入許多演講的音檔，在移動的過程中聆聽。

如此一來，單純的通車時間就搖身一變成為令人期待的學習時間。

我去健身房，光是運動就要花上一個小時，因為覺得時間可惜，因此我一

Q

你能透過「一石二鳥的作業方式」養成什麼習慣呢？

邊踩健身腳踏車，一邊看書。

如此一來就能兼顧學習和運動，將一個小時的價值提升到兩倍以上。

此外，因為這樣的充實感，自然而然我到健身房的次數也就增加了。

想要有效活用時間的人，想要一次完成多件事情的人，請試著思考看看能不能夠以「一心二用的作業方式」，來做新的事情。

A

一邊打掃，
一邊學英語。

一邊等咖啡，
一邊伸展身體。

習慣開關

19

到一個會讓你提起勁來的地方

在景色優美的咖啡廳

「我不念英文不行，可是在家裡就是提不起勁。」

在這種時候，為了讓自己進入狀況，我建議你可以**試著到不同的空間**。

待在家裡總是處於放鬆模式，沒有緊張感，精神懶散，這種經驗誰都有過。

「我光是到附近的咖啡店，專注力就回來了。」

「圖書館的肅靜氣氛讓我繃緊神

只是換個地方，做事的動力和專注力就能提升到令人驚訝的程度。

在淨化身心的寺院裡

經，因而能夠專注。」你有沒有過這樣的經驗呢？

我擔任B小姐的個人顧問，她想要養成書寫部落格的習慣。

然而她待在自己家裡一點也提不起勁，時間就這樣虛度，部落格文章一直沒有更新。

於是我問她：「到什麼地方去能夠讓妳提起勁來呢？」她說：「到附近的星巴克咖啡，我的開關就打開了。」

因此，她要養成的不是「書寫部落格的習慣」，而是「前往星巴克的習慣」。

在化好妝、換上衣服前往星巴克之後，因為有其他人同處一個空間的緊張

Q 什麼地方可以讓你提起勁來？

感，還有恰到好處的雜音，因此提升了她的專注力，咖啡豆的香氣更是刺激了她的想像力。

透過這個方式，B小姐更新部落格文章的頻率一躍而升。

我自己在確認寫作原稿的最後階段，或是要訂定長期目標時，會到「東京喜來登都酒店」的酒吧雅座。那是一個非常寬闊的空間，可以看見美麗的日本庭園，讓我可以高度專注，從以前就很喜歡的空間。

當我想要靜心時，會到位於東京白金台的「國立科學博物館附屬自然教育園」，在大自然中悠閒散步。

此外，當我想要清淨自身，找尋心

A

在星巴克，
我可以專心讀書。

當我想要訂定目標時，我就到飯店的酒吧雅座去。

靈時，我會到位於東京谷中地區的寺廟「全生庵」打坐。禪堂裡榻榻米和線香的味道、肅穆的氣氛，能夠引領我進入深刻的自省。

我們的心情會因為我們所處的空間而異。

什麼樣的地方能幫你進入狀況呢？

習慣開關

20

感覺膩了就賦予刺激和變化

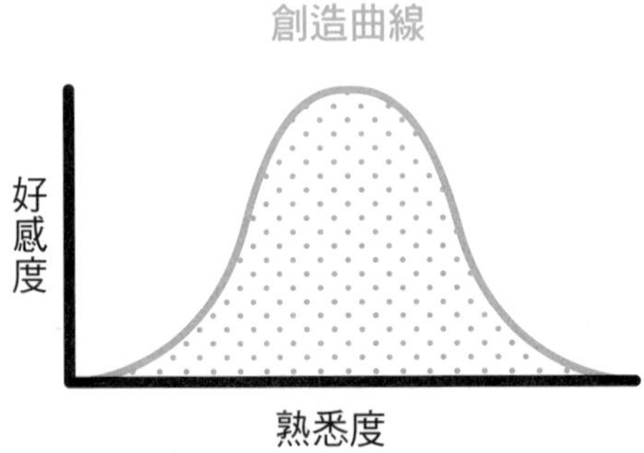

能持之以恆的人，也非常擅長活用變化及刺激。

無論做什麼事情，一開始的滋味都十分新鮮，在習慣之後，就會漸漸變得公式化。

見上圖*，這裡用「好感度」和「熟悉度」兩條軸線，來表現「陳腐化開始的時間點」。

這個軸線圖同樣表現出「刺激」和

如果事情變得公式化，就加入新鮮的刺激和變化！

「厭膩」的曲線。

一開始因為感覺刺激，所以漸漸樂在其中，然而隨著熟悉度的增加就愈覺得膩。

因此，為了不讓自己因為單調重複而覺得厭煩，適度地加入變化、賦予刺激是必要的。

舉慢跑為例，「改變路徑」、「報名馬拉松大賽來激發自己的士氣」、「換一套服裝」、「配戴心率監測器」、「訂週三為皇居慢跑日」等，針

＊引用自《創意的開關：解放企劃能力的天才習慣》（*The Creative Curve*）艾倫．加納（Allen Gannett）著。

Q 針對你想養成的習慣，增加什麼刺激和變化可以提升你的動力呢？

對一項習慣賦予種種變化，就能形成刺激，「好感度也會隨之提升」。

如果是學習英文，例如：「拿好萊塢電影當教材」、「閱讀英文網站上的新聞報導」、「一個月上兩次 Skype 線上英語課程」、「關掉字幕來聆聽 TED 的演講」等。

像這樣巧妙地加入變化和刺激，就能克服公式化形成的壁壘。

只不過當你想養成一項習慣時，在時間點和行動量上如果有了太大的變化，可能會打亂你的步調，這一點需要多加留意。

原則的重點就是，**透過改變行動細**

報名馬拉松大賽，
為每天的跑步習慣
增加刺激。

A

每週一次
改變慢跑路徑。

將學英語的
教材從單字本
改為電影。

節或設定新目標，做最小程度的改變，藉此再次提升自己的動力。

拖延問題也依自己的興致來解決

「真是一份令人心情沉重的作業啊！等一下再做吧！」

「要向上司進行錯誤彙整報告，什麼時候去找他才好呢？」

「我還沒去定期檢查牙齒。」

在日常生活中，偶爾會發生工作上的錯誤彙報、資料製作、經費精算、郵件的回覆等令我們想要一再拖延的事。

拖延，是一種「習慣」。

如果將拖延的心理加以分類，可以歸納為下列七種：

「很麻煩。」

「害怕失敗。」

「還有時間（或已經沒有了）。」
「不希望別人討厭自己。」
「很辛苦。」
「沒有信心。」
「不想後悔。」

當你在拖延時，是不是也會在嘴裡念著、心裡想著上述的七種感受呢？

拖延的共通心理，是「對眼前的工作感到壓力」。因為壓力很大，所以會想要延宕處理，「不要現在，待會兒再做吧！」

為了要克服拖延的心理，除了已經介紹過的方法之外，我想再說明另外六個心理開關。

以十五分鐘為單位分段進行

15 分鐘
工作上的雜務

十五分鐘，是喚醒行動的魔術時間單位。

我們很難擠出三十分鐘、一個小時的時間，然而五分鐘的時間又太短，沒辦法完成任何事情。

如果是十五分鐘，就可以姑且先著手看看。而當你把工作切割成小部分，就能完成已經開始的工作。

我在習慣的養成上最成功的，是

以 15 分鐘為單位，專注運用零碎的時間。

15 分鐘
打掃房間

15 分鐘
伸展身體

「十五分鐘的清潔整理」。

重點在於不把完全乾淨當作目標。

如果你把乾淨整齊的完美狀態當作是目標，就算是利用週末的時間也收拾不完。到最後就會變成「我沒有時間可以整理房間！」

可是，如果只是十五分鐘，你就會覺得即使不鼓足那麼大的幹勁也能輕鬆開始。而在過了十五分鐘之後，實際上你會想要再多做一點，這樣的心情延續到隔天就變成了你的幹勁，形成一個良好的循環。

花十五分鐘整理，在一定程度上會看起來乾淨清爽，因此你也有完成的成就感。

Q

以十五分鐘為單位，你能專注進行什麼事情呢？

我在工作上面對麻煩的雜務，也是以十五分鐘為單位，一次做一件事，完全專注精神來處理。

設定碼錶能讓我繃緊神經來處理事情，心情也會跟著進入狀況。

感覺像是，不會拖拖拉拉地去跑很長的距離，而是繃緊神經、專注精神來跑完短距離一樣。一項工作十五分鐘，如果有一個小時，就能完成四項工作。

無論是習慣的養成或行動，都請切割為十五分鐘來進行。這是一個技巧，讓你即使面對提不起勁來做的事情，只要以十五分鐘為單位來著手，都會讓你感覺做得到而得以踏出第一步。

如同我在〈17設計幫自己熱機的慣

A

用 15 分鐘擬出
報告書的結構稿。

用 15 分鐘回顧
一天的工作並訂定
明天的計畫。

例流程〉所介紹過的，我以四個十五分鐘的慣例流程迎接一天的開始，那是因為十五分鐘是恰到好處的時間單位。

如果你有無法持之以恆或一直延宕待辦事項，我建議你把時間切割，以十五分鐘為單位來試著開始進行。

習慣開關

22

條列出來，完成就劃掉

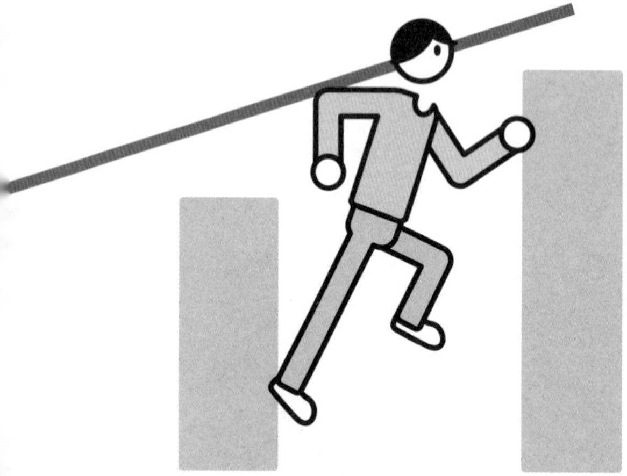

「我要做這個，又要做那個，有一堆事情要做！」你有沒有光是心情焦慮，實際上卻遲遲無法著手，因此拖遲延宕的經驗呢？

如果只是在腦中雜亂地思考一個以上的工作而不加以整理，就無法專注眼前的事，因而變得效率不彰。

在這種時候，首先，請試著在筆記本或N次貼上寫下你應該要做的事。

當你以旺盛的氣勢處理待辦事項，你的興致會因為成就感而提升。

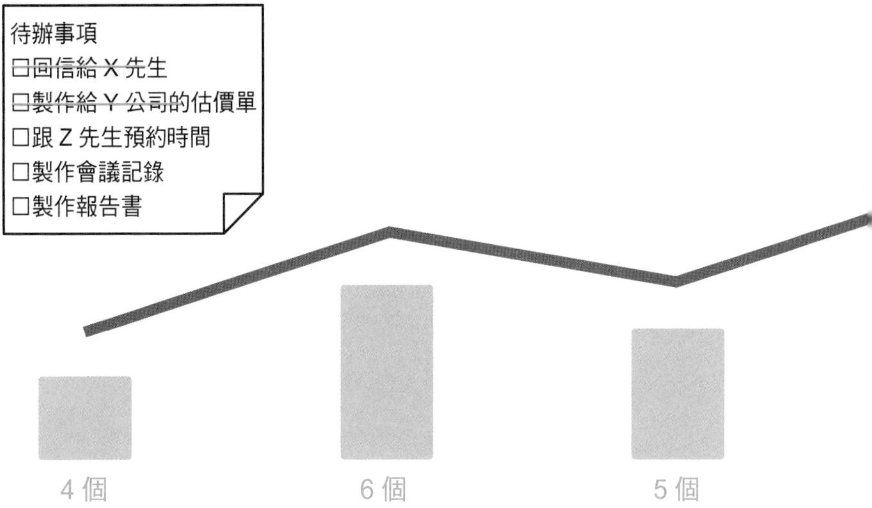

只要將待辦事項條列出來讓眼睛看得到，而不是放在腦袋裡，自然就能具體思考如何處理。

我曾請教一位兒童教育專家，提升讀書或做事意願，並且能夠持之以恆的訣竅是什麼，他告訴我：「把要做的事情條列分為細項，完成之後用紅線劃掉。光是做到這樣，就能提升孩子的做事意願。」

「寫完三頁數學習題」、「寫完五頁國語習題」……像這樣盡可能化為細項加以條列，做完成就劃掉。

當你用筆劃掉完成事項時，會湧上成就感和完成感，進而就能提升自己的興致，「好！接下來做下一項囉！」

Q

你要不要試著將今天要做的事詳細條列出來呢？

成就感和完成感能提升動力，是讓我們進入狀況的一個關鍵。

因此，即使孩子並不享受做功課的樂趣，只要嘗到成就感和完成感，他們就能做得到。

讓我們也把這個提升動力的原理，善加應用在拖延的問題上。

不只是小孩，大人也一樣，當我們每完成一項待辦事項，畫線刪掉，就會獲得「完成後的成就感」而能夠一直向前邁進，你有沒有過這樣的經驗呢？

「詳細條列、劃掉」，利用小小的成就感來提升自己的興致是有效的。

A

將雜務條列出來，
花兩個小時一口氣
專注完成十項。

每做完一題英文
長文，就劃上斜線，
做完五題。

請務必在每天的工作或生活中試著應用看看。

將工作拆解成細項

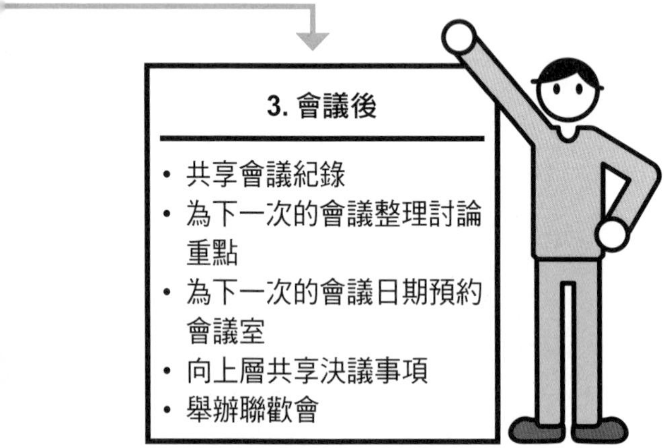
3. 會議後
• 共享會議紀錄
• 為下一次的會議整理討論重點
• 為下一次的會議日期預約會議室
• 向上層共享決議事項
• 舉辦聯歡會

「要寫報告，超麻煩的啊！」
「我遲遲無法開始製作賀年卡。」

拖延的最大原因，在於對眼前的事或應該去做的事感到極大壓力。

在專業教練的世界裡有這樣的比喻：「當你想吃肉時，如果有人牽來一頭牛，你是吃不下的。可是，如果切成一小塊做成骰子牛排，你就能吃得完。」

將工作拆解，每一項作業就很容易辦到。

第一次召開專案定期會議

1. 會議前

- 選定主要成員
- 決定會議日期．時間
- 預約會議室
- 制定會議目的、主旨、議題
- 和主管確認內容，達成共識
- 寄送會議通知

2. 會議中

- 首先，說明會議目的和目標
- 決定主持人和做會議紀錄的人
- 決定時間分配
- 讓成員容易表達意見
- 向全體成員提問
- 確認今天的結論
- 確認下次會議的日程及議題

「麻煩」、「心情沉重」、「害怕失敗」、「不擅長」，當你在面對整件工作時會出現這些情緒。**當你把一份工作拆解後，就能充分理解每一個細項都沒什麼大不了。**

愈是複雜，愈是花時間，就愈會想要拖延。

在這種時候，請試著運用Chunk Down（把工作分成小部分）來解決。

假設我們要面對的是「第一次召開新專案的定期會議」。

把工作Chunk Down，就會如上圖所示。

首先，將這項工作分解為細項，你

Q 讓你想拖延的工作，如何才能徹底具體化呢？

就能知道讓你心情沉重的原因。

你也會知道，如果只是在會議前「決定主要成員」的話，是馬上就可以做得到的。

像這樣一項一項去進行，你會意外地發現事情很順利就完成了。

當你感覺工作分量很大、流程複雜或不透明時，請試著像這樣具體寫出行動的細節。

A

仔細寫出自己
不擅長的報告書
製作流程。

在 EXCEL 程式中
仔細列出新專案的
制定計畫。

目標準確地行動

確實遵守
PDCA
寫出早上首先要做的事情，並決定優先順序。

「我要戒酒。」

「我要確實遵守PDCA。」

「我要經常向上司進行報告、聯絡、商量。」

像這樣的行動計畫，雖然在一開始動機強烈，但在現實上卻常常無法落實。最大的原因，在於「行動目標」並不明確。

這裡和〈23將工作拆解成細項〉不一樣的地方在於，我們所採取的方法

思考「你想達到什麼目標」再轉成行動計畫，就容易踏出第一步。

✕ 我不要喝酒 ⇨ ○ 我要喝無酒精啤酒

並不是要透過將工作拆解成細項。「明確的行動目標」是要像前述「我要戒酒」、「我要確實遵守PDCA」一樣，**針對模糊不清的行動內容，徹底聚焦於該項行動的重點，想清楚「你想要達到什麼目標？」**

舉例來說，決定「要戒酒」後就貿然行動，這是NG的方式。設定「我不要做……」的計畫，是不會成功的。

一旦酒癮來了，你還是會像平常一樣黃湯下肚。

如果真的想讓計畫成功，必須將焦點從「我不要做……」，置換成「我要做……」才行。

也就是說，當酒癮來襲時，或許你

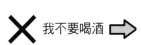

Q 對於你的行動，知道自己要做什麼嗎？

該想的是「我要喝無酒精啤酒」。如果你把酒當作是睡前小酌，或許「到健身房跑步」可以是替代方案，後者可以讓你因為疲憊入睡。

再舉一個例子。

假設你想在工作上交出更多成果，決定要「確實遵守ＰＤＣＡ」。

然而，如果你以如此模糊的計畫展開行動，只會落得「想做卻忘記了」，或「忙到抽不出時間」的下場。

因此，請將焦點精準地凝聚在行動的目標上。首先，因為沒有一項行動名為「ＰＤＣＡ」，因此要明確地列出你要處理的，是Plan（規劃）、Do（執行）、Check（查核）、Act（行動）其

A

每天回顧「順利進行的事」、「反省、課題」、「下一次的對策」……

吃豆腐取代米飯來減重。

中的哪一項。

例如，如果你選擇了第一項，Plan（規劃），如果不決定具體上你要採取什麼樣的行動，就無法實踐。

因此，你必須像這樣做出規劃。

「進公司之後，打開電腦之前，先在N次貼上寫下今天要做的事情，排出一天作業的優先順序之後，再開始工作。」

如果可以精準鎖定行動目標到這樣的程度，對於行動有具體概念，就容易付諸實行了。

不做太多無謂的思考，抱持淡定心態

我以前在資訊系統公司工作時，有一位工程師每天都要應付棘手的問題。

他身處在各種系統問題當中。

他每天挨顧客的罵，過著每天修正程式到深夜的日子。

他所面對的問題是如此複雜。

我好奇這位工程師日復一日如此辛苦，如何維持自己的動力，於是問他「你如何為自己的工作賦予意義，能每天努力工作呢？」

不把麻煩事當作「麻煩事」，不帶情緒完成，才是無壓工作術。

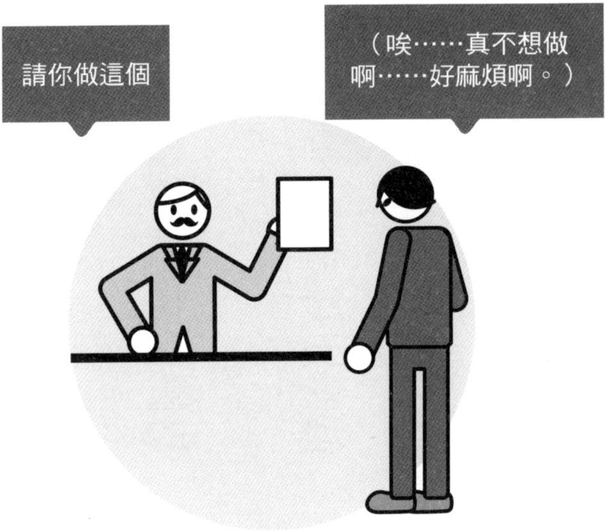

他這樣回答：「我只是做我應該做的事情而已，其中沒有意義，也沒有喜歡不喜歡，我就是不帶任何情緒嚴肅以對而已。」

只是不帶情緒地做好我應該做的事情而已。是的，就是這樣。對於辛苦的事情，不做無謂的抵抗，接受它，然後不帶任何情緒做應該做的事。我從他身上學到，這個方法其實也是一種無壓工作術。

我要補充說明，這位工程師並不是把工作當成是單純的作業而已，他是一位優秀的工程師。

當我們面對麻煩或不擅長的事情

Q

讓你感覺麻煩且心情沉重的工作是什麼呢？要不要試著不帶情緒去處理它呢？

時，容易被負面的情緒擊倒，然而即使如此，還是會積極地想要鼓起勁做事。

「啊，真討厭哪，真討厭哪……」愈是這樣的情緒就會愈來愈強烈，持續消耗掉無謂的能量。

不帶情緒做事，不加抵抗。

這麼酷的想法應該在很多事情上都派得上用場吧？

洗碗、洗衣服、刷洗浴室、打掃等也是一樣，如果可以喜歡那當然最好，有時候實在沒辦法喜歡做這些事，在這種情況下，你要做的就是不加抵抗，不帶情緒去做，不要浪費無謂的能量。

這或許聽起來像是心態論，然而當你提醒自己試著這樣做時，就能夠保持穩定的心情，淡然處之。

A

為了開發新客戶，
進行電話拜訪。

折疊洗好的衣服。

精算一個月份
的交通費。

只要你不討厭，就能向前邁進。
當你無論如何都得面對麻煩事情的時候，請務必試著實踐看看。

習慣開關

26

採取「即刻執行主義」

假設你有一項工作是會議紀錄。

延後寫會議紀錄會讓事情變麻煩。

假設在會議過後三天才寫會議紀錄，你得花上一番功夫才能想起會議的內容，過程中會耗費龐大的能量。

什麼時候寫是最有效率的？

我在這裡引用C先生的經驗談。

C先生是部門定期會議的會議紀錄

「什麼時候做？現在！」其實這樣效率才是最好的。

動力曲線

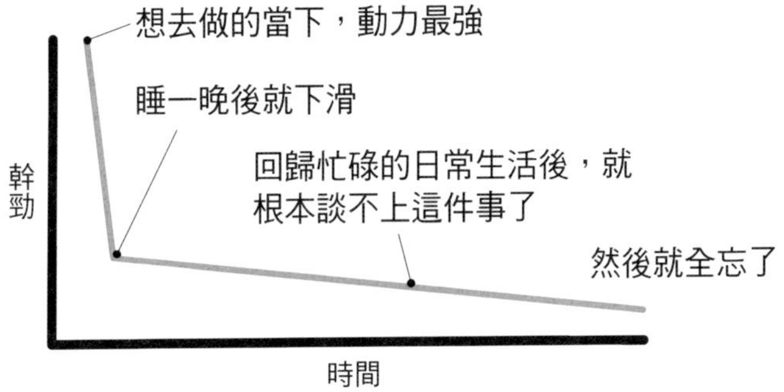
想去做的當下，動力最強
睡一晚後就下滑
回歸忙碌的日常生活後，就根本談不上這件事了
然後就全忘了
幹勁
時間

負責人。

會議每週召開，為了把會議記錄的工作壓力化為最少，他採取的是「即刻執行主義」。

他取得了部門主管和成員的同意，在會議中打開電腦，聚集高度的專注力，當場打字完成七成內容。

他會在走出會議室之後的三十分鐘內完成剩下的三成，並寄給與會者。

如果要讓「製作會議記錄」一直留在待辦事項的表單裡，接下來連三天都抱持著「啊，不寫不行了」的未完成感，然後到最後消耗不必要的能量在回想會議的內容上，不如當場就把它寫完

Q

什麼事情以「即刻執行主義」來克服是最輕鬆的呢？

是最輕鬆的。

為什麼呢？因為會議中和會議剛結束時，我們的精神狀態最能夠專注於書寫會議紀錄。

心有所想，就是最容易付諸行動的時候。當你在腦袋裡思考一項事情的瞬間，那就是做出判斷和付諸行動的最佳時機。

如果一件事情五分鐘就能完成，那麼不要拖延，「現在就做！」

當你將心思轉向其他事情的瞬間，就必須再一次啟動專注模式。

如果工作在短時間內就能做好，試著用「即刻執行主義」來完成。

A

在會議中全神貫注，
當場做出結論。

愈是麻煩且不擅長
的工作，愈是不能
拖延，現在就做。

想到就做，當下就是良辰吉時，沒有期間限制。想做的事情也是一樣，你實踐「即刻執行」的機會將愈來愈多。

第2章

思考的習慣

擺脫負面思考

誘發自己興致的思考方式和掌握事情的方法

「人們在習以為常的價值觀裡走投無路。愈是習以為常的情況，愈難以其他的觀點看待。」

——克莉絲媞娜・霍爾（Christina Hall）博士

當我們對自己沒有信心、因為恐懼而無法行動，或是因為遭受批評而陷入自我嫌棄，負面情緒會讓我們在精神上受苦。

如同我在序章提過的〈幸福的公式〉，幸福程度的四〇％取決於「設定值」，也就是對於事物的想法或看法。

事實和詮釋是不同的。我們活在自己詮釋的世界裡。事實雖然無法改變，詮釋的方式卻是可以的。因為詮釋有其自由度。

事實與詮釋不同

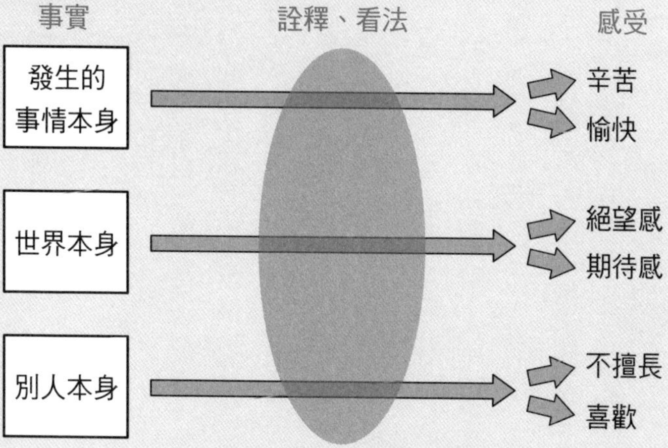

見上圖。

我們即使看見的是同一件事實，依據看法不同，反應也因人而異。

在玻璃杯中斟入一半的水，針對這個事實，我們的感受會因為我們視為「只有半杯水」或「還有半杯水」而起起伏伏。

此外，一個身在牢房的囚犯，如果在鐵窗裡往下看會是一片泥土，往上看，卻是一輪明月。

同樣看著牢房外的世界，依你看的方向不同，心情也不同。

舉一個更具體的例子，假設在營業部門的朝會中，上司誇獎一位和你同一期進公司的同事，並褒揚他拿到新客戶的大筆訂單。

看到這一幕，有些人會心想「啊，我真糟糕」，有些人則心想「好，我也來加油！」也有人會這麼想「哼，那傢伙只是運氣好罷了。」

同樣的事實，看法有無限種，你的行動會依你如何解釋而有所不同。

能夠順利讓自己鼓起興致的人，是因為他們即使面對不怎麼好的事實，也會掌握自己的想法和看法，秉持正向的感受。

對於事物的想法或看法，是你思考的習慣。

如果可以改變，那麼即使情況不變，你的人生仍會不同。

在我所領導的習慣養成學校裡，有一名女性花了一年的時間改造自我。

這位女性在公司的人事安排中遭到降職，嚴重受創，為了擺脫這樣的身心狀態，她來到習慣養成學校參加課程。一年後，她有什麼改變呢？

當初，她也思考過跳槽或獨立創業的選項，然而最後她決定要在現在的公司裡努力做出貢獻，「在播下種子的泥土中開出花來」。

她選擇了不去哀嘆自己無能為力的人事安排，而是花一年的時間養成思考習慣，專注在自己可以掌控的目標，可以解決的問題。並為這一次惡劣的降職事件賦予意義，就當自己上了一堂課，把這當作是職涯中的精神食糧。

此外，她持之以恆地書寫感謝日記。在過程中，她漸漸湧上了對於公司和人際關係的感謝之意，心裡滿是感謝，遠遠超越了不滿的情緒。

現實的狀況幾乎沒有改變，但她的幸福感和積極正面的心理卻是大幅提升。

為了擺脫負面思考，讓我們學會思考的習慣，讓自己的想法順利上軌道。我將在本章中介紹十八個方法，請從其中挑出貼近你的想法，讓你能自然而然進入情況的方法來運用。

另外，在本章中，我將以思考的習慣為中心來敘述。

我建議你要**養成書寫日記的習慣**，幫你把在本章中習得的思考方式養成新習慣。發生了什麼事、對於這件事你現在的詮釋，以及如何變換成為新的詮釋，透過書寫，你的想法將化為無意識的習慣。

習慣開關

27

不是要超越他人，而是要超越昨天的自己

D小姐被公司派駐海外，擔任經理，因為英文不好而感覺自卑。她必須要克服這個問題，因此她每天花兩小時讀書。然而每次持續了半年之後，她就會突然放棄，這樣的情況已經重複發生好幾次。

在以英文進行商業交涉時，每個人的情況不同，有的人有時候不問個好幾次就沒辦法明白對話內容，因此在心裡會湧上強烈的自我嫌，認為「我這麼

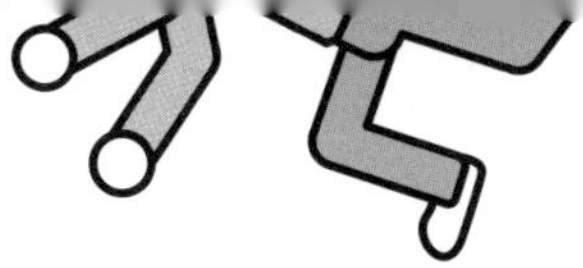

如果和別人比較讓你覺得痛苦，就和「過去的自己」比較，超越自己。

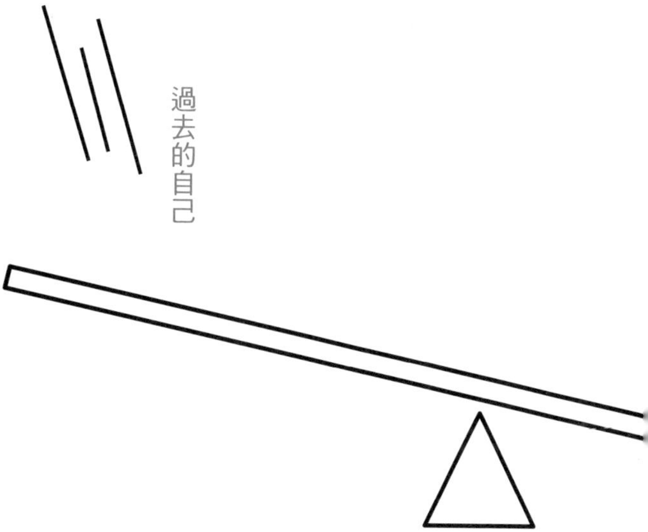

努力讀書卻沒有進步，一定是因為我沒有語言天分」、「同事講得都比我溜」，每一次都覺得挫折。當我問她是和誰比較時，她說：「同一家公司的男性同事。」當她看見他在一旁以流利的英文談生意的樣子，就沒了自信，失去幹勁。

然而，當我進一步打聽，才知道這位男性是已經派駐當地邁入第二十個年頭的資深職員。D小姐才派駐第三年，經驗值天壤地別。二十年和三年，會出現差異是理所當然的，但她卻無意識地把自己和對方擺在同一個基準上比較。

和厲害的人比起來，自己「沒有成長」，D小姐很容易因為這樣就陷入自我嫌棄。在這種時候，首要之務是「改

Q

和過去的自己相比，你成長了多少？你持續累積什麼行動呢？

變比較的對象」。不是和別人比較，而是和「過去的自己」。

和派駐第一年相較之下，現在的她的英語能力提升了多少？我請她以百分比的形式加以數值化。如此一來，她發覺讀書確實是有成效的。當我問她，「如果妳繼續這樣念下去，妳的英語能力在五年後會變得怎麼樣？十年後呢？如果和那位男同事一樣在二十年後又會如何呢？」她回答：「會說得很流利。」

重要的是持續更新自己的歷史紀錄，即使是比過去的自己成長一釐米也好。當你實際感覺「現在的我是個人紀錄中最好的時候」，這將變成你的動力，成為你持續下去的欲望。

D小姐也是一樣，她後來就能以理想的英語能力為目標，累積小小的每一

A

和一個月前相比，
我跑 3 公里時的
疲勞程度降低了。

和半年前相比，
我看不懂的英文
單字減少了。

步，持續努力。除了英語能力，所有領域也是一樣，她因為和別人比較所以陷入低潮的情況愈來愈少。後來，她竟然在短短兩年內晉升兩級，成為了海外分公司的最高負責人。

如果和其他人比較能夠鼓舞你的士氣，那就沒關係。但如果會造成你的無力感，那麼把比較的對象從別人換成自己，會比較能提起你的幹勁。甘於現狀的低標不是一件好事。如果你能努力創新自己的歷史紀錄，必定能夠一直成長下去。

聚焦於自己原本「有」的資源

以現有的技術和經驗，
一定有我可以做的事

「如果要創業，沒錢還是不行的。我現在沒什麼存款。」

「沒錢？就用你現有的錢開始做就好了。」

這是日本軟體銀行創辦人孫正義在年輕時，向有意創業的人所說的話。

我們在開始做一件事情時，總是容易把焦點放在我們「沒有」的東西上，並把這些當成我們無法前進的理由——「沒錢」、「技術和知識不足」、「沒

「我沒錢也沒人脈！」不！從你現在「有」的開始就可以。

即使是金額不大，依創意不同，還是可以創造出相當大的成果

只要請朋友介紹朋友就可以

經驗」、「沒人脈」。

這些全部都是「不能做」的理由。可是，**如果你把心態轉換成「以我當下有的資源來起步」，你的眼界就會有一百八十度的不同。**

聚焦在「我有一百萬元」，而不是「我沒有足夠的資金」。

然後問自己，「我要怎麼從這一百萬開始？」從這一點開始著手。

雖然情況也依創業內容而異，但只要動腦，應該就可以找到你能做的事。

暢銷作家本田健以《本田健的快樂致富聖經》一書聞名於世，他以些微的資金為本錢，印製免費發送的小冊子，分送給認識的人，從這裡起步，漸漸有

Q

你現在擁有什麼技術、知識、財富、經驗、人脈呢？憑著這些現有的資源，你能如何起步？

口碑，為自己帶來了許多粉絲，讓他的事業一口氣就上了軌道。

「沒人脈」的問題也是一樣。即使沒有人脈，如果試著寫下從以前到現在認識的人，應該也有二十個人左右。如果這二十個人又各有二十個朋友，就可以說「我有四百個左右的人脈」了。

你的技術和知識絕對不會是零。即使你為了安撫自己的不安全感而去加強自己的技術和經驗，也不可能光靠這些能力就能在某個領域通行無阻。

當我開始教練生涯時，我不斷地參加研討會，他們告訴我「如果想要向顧客收錢，請在累積更多經驗和知識後再這麼做。」

但學得愈多，我愈是發覺自己的無

我一直從事事務工作，因此對Excel和Word程式應用自如。

A

有五個人支持我的創業。

我從前是業務，因此我很擅長在眾人面前說話。

知。我的「沒有」愈來愈大，使得我動彈不得。

然而在實際展開教練工作的過程中我才知道，光是抱持著好奇心傾聽對方的話，就已經是非常足夠的貢獻了。

首先，**先盤點你現在所擁有的財富、人脈、技術、知識、經驗。**

然後從活用這些資源起步，一點一點慢慢增加就可以了。

結果是行動總量加上成功機率

開發新客戶也是一樣，打 30 通電話，
就會有一次面談的機會

有一位跑經濟新聞的記者說：「在訪問過許多成功人士之後，我發現他們的共通點是**持續挑戰無數次，直到勝利為止**。到頭來，成功其實是機率問題。」我非常認同他的見解。

我在進入社會第二年時，被分派到資訊系統中開發新客戶的部門，當時的我是個年輕的業務員。我從帝國徵信公司*的資料庫中抽出企業列表，從第一家依序電話拜訪，每天打五十家，從

射不準只要多射幾次，還是會中。不是能力不夠，而是行動。

打者的打擊率即使只有一成，只要站上打擊位置 10 次，還是可以成功打擊出去

九點半打到十一點半。是連吃閉門羹，「我們已經有合作廠商了，不需要」，不留情面地被掛電話。

不過，這世上有人棄我於不顧，相對就會有人對我伸出援手。後來慢慢有人對我說：「那麼就來聽你說個一次看看吧。」在每天電話拜訪一年之後我才明白了一個道理——三十通電話裡會有一通成功，也就是說，有三%的人會願意給我面談的機會。

自此之後，我就放輕鬆了，因為我知道「即使會被拒絕二十九次，我是為了未來那成功的一次繼續電話。」

回過神才發現，我雖然是營業部的新人，卻已經和好幾家新客戶簽下了金額龐大的合約，並因此受到公司內部的

＊日本民間信用調查公司，Teikoku Databank。

Q 為了夢想和目標，你能採取什麼樣的大量行動？

表揚。

「只要大量行動，就能走出一條路來。」自從有了這樣的信念後，這項成功法則就成了我的安全索。十三年前，當我二十九歲創業，赤手空拳展開教練的業務時，這樣的信念也為我帶來幫助。我透過部落格向一千名創業家推銷免費教練課程，與其中的一百人見面，其中又有二十人成為我的付費客戶。

在我想出版自己的著作時，因為沒有人脈，我打算把自己的作品送給一百家出版社。首先，我先寄出給三十三家公司，並附上企畫書和親筆信。結果居然有十一家公司回覆，因此，我的處女作《改變人生的持續術》二〇一〇年在日本出版，並且承蒙讀者厚愛，至今這

A

想出一百種企畫案。

所有公開選秀的機會都去參加。

個系列已經發行十二萬冊。

大量行動，可以說是成功的通則。

我們傾向於認為，之所以沒有結果，是因為「沒有技巧」、「沒有人脈」，然而在很多情況下，其實說起來很多都是因為行動總量不足的緣故。

此外，當你付出大量行動，有時候也會遇見不可思議的奇蹟。我也是在見過一百名創業家之後，因為這些緣分而能在後續發展出各式各樣的工作機會或私交情誼。

追求好方法固然重要，然而如果拘泥於此而不採取行動，那是最糟糕的。如果成功的機率只有一%，做個一百次就會成功了。

專心在如何達成全部的行動總量，之後自然能開出一條路來。

習慣開關

30

把焦點放在「做得到的事情」上

壓力會發生在你煩惱自己無法掌控的事情時。

我在大學畢業前已經收到一家公司的錄取通知，他們承諾將我分配到大阪分公司的法人營業部門，然而因為公司業績不振的緣故，在我要進公司的三個月之前，他們突然決定要派我到集團旗下的另一家公司，而這家公司是在東京都的秋葉原經營個人用電腦的商店。

我出身大阪，既沒有意願被分配到東京，也沒有意願進行以個人消費者為

因為自己無法掌控的事情而煩惱，是最大的壓力源。

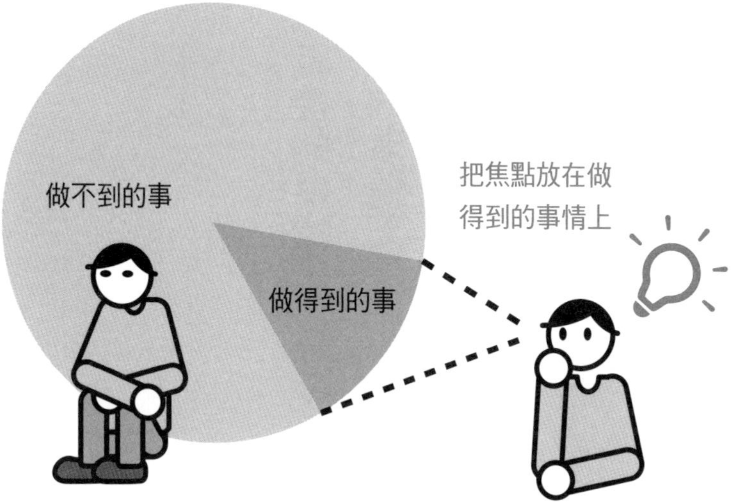
做不到的事
做得到的事
把焦點放在做
得到的事情上

對象的販售業務，這和公司在我錄取當時的約定完全不一樣，當時我感到非常地憤慨。而且派遣到東京是無限期的，前途一片黑暗，我走投無路。

在那絕望的深淵裡，我在書店裡看到一本書，書中寫道：「**請明確區分你可以掌控和不能掌控的事情，並且專注在你可以掌控的事情上。**」

我感覺腦袋好像被敲了一記警鐘。因為我的思緒一直不斷地只是繞著公司所做的決定轉，而那是我所無法掌控的。

因此，我開始思考什麼是我可以做得到的。

我無法改變過去和別人，但未來和我自己是我可以改變的。

Q

你無法掌控的事情是什麼？你做得到的事情又是什麼？

「要不要離職？」這是我可以自行判斷的。但我還有另一個選項，「至少在這一年我可以在這份工作上努力，累積實力。如果一年之後還是不喜歡，我再換工作。」提升自己的知識和能力是我可以掌控的事。當我轉換思考後，我發現，在個人用電腦商店裡，我可以學到資訊系統的相關知識，也可以磨練業務銷售的口語表達能力。就算是法人業務，現在我也有許多可以做的。

當我回過神，才發現銷售業務和直接面對顧客是如此有趣，我連休息時都馬不停蹄，埋首於工作，一直站在店裡。對於公司將我分配到我不喜歡的部門，我曾經那麼不滿，然而那樣的不滿卻煙消雲散。結果在一年後，我被調回

A

雖然上司很討厭，
不過他簡報的
技巧很棒，
我要效法他。

雖然我不滿意現在的
部門分配，但我可以
試著寫出可以從這份
工作學到的東西。

對於我無法
掌控的上司或是
面對顧客的方針，
我要試著接受。

總公司，「咦，已經要回去了嗎？」我對工作投入到讓我有些依依不捨。

改變想法，將焦點放在自己做得到的事情上，如果能夠自訂課題，自發性地投入工作，就會感到興致勃勃，工作絕對會變得有趣。

只要放下你無能為力的事，專注在你可以掌控的事情上，內心就能產生出一個主軸，使你能夠投注你的能量。

習慣開關
31

尋找複數選項

人都會有在工作或人生途中陷入僵局，感覺找不到出路的時候。

會陷入僵局，很多情況是因為我們拘泥於一個正確答案或解決方案的緣故。**集中心力在增加選項上，可以幫你巧妙地擺脫走投無路感。**

二〇一一年，我獨立創業邁入第五年，卻因為東日本大地震的緣故，陷入經營困境。

那時，公司七〇%以上的業績來自

不要拘泥於唯一的正確答案，就能看見未來的可能性。

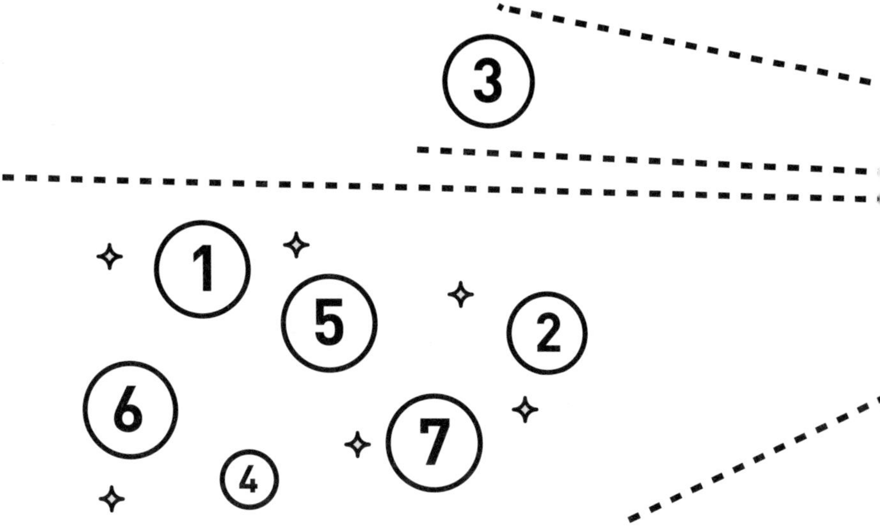

企業研修課程及演講。原本預約排到十個月之後，多家企業卻以地震災情及核能發電廠事故，無法預測未來的經營前景為由，陸續取消原本的預定。

原本預期今年能入帳的工作沒了。當時，地震和輻射的傷害雖然令我害怕，但公司經營上的困境更令我痛苦。

「如果研修課程部門的業務持續不振的話……」，為了擺脫找不到出路的感覺，我開始將不安化為具體思考。

課程並非一〇〇%全部遭到取消，公司內部也還有資金。我將眼前的困境具體模擬，實際上可能會減少多少業績，形成多少赤字，資金短缺會出現在哪個部分等。

我打開Excel程式，以既有的工

Q

當你對某一件事感覺找不到出路時，你可以以那裡為起點，拓展出什麼選擇呢？

作、存款為基準計算出每個月的成本，模擬從三月開始一直到年底，分析悲觀、樂觀、現實上的情況。

原本我的不安像滾雪球似地一味膨脹，然而透過前述的方式，負面想法轉變成為解決問題的思考模式，讓我思考如何去解決現實的課題。當我知道「在什麼時候，會減少多少金額」後，就知道該採取什麼對策，想出複數選項。我思考能夠提升業績和降低成本的辦法，試著想出將近三十個選項。如此一來讓我發覺，解決的方法有很多，也拓展了可能性。

例如，我之所以會擔心「公司倒閉了怎麼辦」「被裁員了怎麼辦」是因為我沒有看見除了在目前的公司工作之外

A

如果公司倒閉，
有沒有其他的工作
選項呢？問問人力
銀行的經紀人。

在開始培養運動
習慣時，給自己
一百個選項。

的其他選項。如果知道即使公司倒閉或被裁員了，我仍然有其他的選擇，就能大大降低心思被擾亂的程度。

找不到出路的感覺，是你的思考所創造出來的假象。當你看到還有其他選擇時，光是這樣，你就能拓展你的自由度，發現找到出路的方法。

採取「改善一%」的行動

我們總是容易想這想那，因為想得太多所以白兜圈子或動彈不得。

在這種情況下，我提倡的是「聚焦於行動的對策」，也就是一邊行動，一邊思考。不把焦點放在問題，而是放在行動上。

每當問題發生時，我們總會分析原因，推論出最好的對策。然而，在忙碌的每一天中，我們不可能為所有問題保留時間，慢慢思考對策。況且如果是年

寫出 10 個行動點子，並實踐最讓你躍躍欲試的 3 個。

1. 寫出 10 個在個人時間運用上困擾你的問題。
2. 在網路上搜尋時間管理的方法。
3. 在這些方法中，選一本好書買來讀。
4. 向擅長時間管理的 A 前輩詢問他在 PDCA 上的實踐經驗。
5. 請部門主管針對你的時間運用給你坦率的建議。
6. 實際去應用三個你所學到的時間運用技巧。
7. 到書店買一本規劃時間的手帳。
8. 就「做得不錯的」、「應該反省的」、「改善對策」這三點來回顧上一週。
9. 花 10 分鐘規劃好隔天的工作再回家
10. 早上 30 分鐘之內先不看 E-mail，專心製作資料。

輕的員工，因為經驗不足，有時也無法掌握問題的全貌或根本原因。

然而，眼前所發生的問題還是盡快處理，不要擱置。如果你因為拘泥於一招見效的神奇對策或唯一的正確答案，因而遲遲無法踏出第一步，那麼累積「改善一%」的行動，並持續優化是有幫助的。

讓我們以經常加班的業務員E先生的情形為例來思考。

E先生的上司要求他「要更加善用時間」。對於經常覺得時間不夠用的問題，他也有所自覺。

然而即使在思考之後，他依然不知道原因。每天的時間都快速流逝，一點改善也做不到。

Q

為瞭解決煩惱，你能想出哪十個簡單的行動方案？其中有哪三個行動是你會想要試著做做看的呢？

因此，我請E先生聚焦於「行動」而不是「問題」。請他想出十個「一週內馬上能做到的一％改善行動」。他所想出來的，就是上頁圖表中的十個選項。

如果是這樣程度的行動方案，感覺馬上可以進行。我請他在十個選項中選出三個他覺得應該特別有效的方法，用一週的時間實踐。

首先，在第四項「向擅長時間管理的A前輩詢問他在PDCA上的實踐經驗」中，針對如何安排拜訪客戶的預定行程，他向前輩請教訣竅，並且立即實踐。如此一來，他減少了拜訪客戶時花在交通上的時間。

此外，前輩也教他另一個訣竅——利用通勤時間寫出書面資料的粗略架

A

為了提升業務成績，
①閱讀業務相關書籍。
②優秀的業務前輩要談生意時，與他同行。
③分析去年的銷售業績。

構。結果，過去總是做資料做到深夜的他，因此得以縮短製作資料的時間。

其次，在第七項「到書店買一本規劃時間的手帳」中，他找到了一本「屬於自己的手帳」，計畫日程變成一件讓他樂在其中的事。

最後，在他實踐第九項「花十分鐘規劃好隔天的工作再回家」後，次日早上因為工作的程序都已經安排好了，讓他能夠毫不猶豫地展開工作，實際感覺到效率的提升。

就像這樣，如果你因為聚焦於問題而永遠都在白兜圈子或動彈不得，**試著聚焦於行動，從一%的小小改善開始。**

習慣開關

33

思考對對方和自己都有利的解決方法

在日常的談判中，我們經常運用「妥協方案」、「折衷方案」、「平手方案」來解決問題，然而，在哈佛大學的談判手段中，優先考慮雙贏被視為更具創造力的策略。

與其彼此都稍微吃一點虧，不如皆大歡喜得好。為了做到這點，我們有必要思考怎麼做才能「讓對方和自己都開心！」

以婚姻邁入第五年的F先生和太太

不要忍受妥協方案，要找到「雙贏的解決策略」。

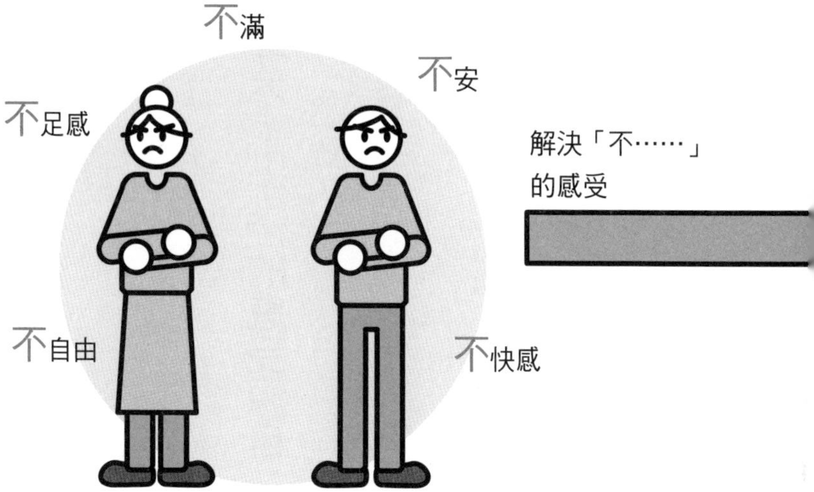

為例。

孩子出生過了一年半，妻子每天忙著帶小孩，對丈夫的晚歸不滿，吵個不停。當丈夫在家看書時，妻子會叨念「我希望你多參與帶小孩的工作」、「我希望你分擔一些家事」。而丈夫則會回嘴，「我工作很忙，回家後想休息一下啊！」如此一來，妻子當然會說「我根本沒時間休息一下」、「家庭主婦一天工作二十四個小時耶！」兩個人就吵起來了。

如果丈夫在這個時候心不甘情不願地提出折衷方案，「那我負責洗碗」或「我自己放熱水澡」，在某種意義上是簡單的解決方式，等於對方忍耐了多少，自己也相對忍耐多少。

Q

對方的「不……」的感受源自何處？

只不過，那就成了沒完沒了的彼此妥協，平均分擔不自由的痛苦。我們最應該專注的，不是要求，也不是主張，而是探尋深藏於根基的「不⋯」的感受。所謂的「不……」，指的是不滿、不安、不足、不自由、不快的「不」。

妻子的「不」，如果是在於不自由，在她的心底應該會吶喊著「我想要自由！」為了帶孩子，她無法為自己做些什麼。在這個時候，當看見丈夫自由地沉迷於他所喜歡的閱讀，一直以來忍受著不自由的情緒自然會爆發。只要知道原因，就可以摸索出解決方法，不是要求丈夫「放下書，大家一起忍耐」，而是為妻子創造「個人的自由時間」。

例如，週末晚上，由丈夫陪孩子一起玩，煮一頓男人的晚餐。在這段時

只希望對方
能理解、傾聽。
我目前的狀況。

A

我想要自己思考，
自由地做決定。

總之我就是不想
被人干擾，以速度
為優先來做事。

間，妻子就可以排出時間回覆LINE或臉書的訊息，做平常無法做的事。

F夫婦在週日早上將孩子託給保母，安排了兩個人一起看電影的時間。光是這樣，不但減輕了妻子的育兒壓力，夫妻也能互相溝通。

據說現在丈夫在家看書，妻子再也不會抱怨了。

習慣開關

34

盡人事聽天命

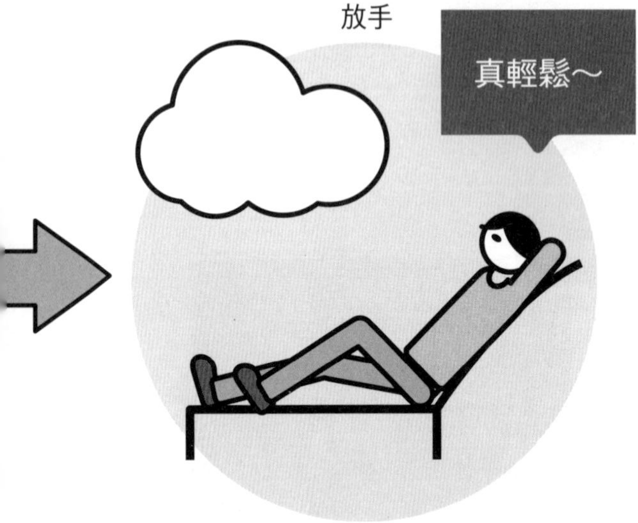

如果過於在乎結果或對方的反應，就容易過度感覺壓力，使你無法前進。在這個時候，想開也很重要，「要不要採用我的提案，是對方的自由！」

那是發生在我參加「改革你的工作模式」演講會，登台演講時的事。演講者連同我在內有三位，其中，主要的演講者是在箱根驛傳馬拉松賽事中完成四連霸，也是媒體寵兒的青山大學學院的原晉教練。

如果已經做好萬全準備，就放下對結果的期待，享受當下。

努力

種種因素加上高人氣的原晉教練要登台演講的緣故，會場大爆滿。看到大型會場和超多聽眾，我感到些許不安。

為什麼呢？因為這次和我平常受邀至企業演講不同，在這裡我只是個無名小卒。在等待上場時，我的心裡出現許多雜音，「在這個會場裡，真的有人願意聽我說話嗎？我的演講內容是不是符合他們的需求呢？」

然而，我忽然想到，「現在去在乎這些，能改變什麼嗎？」發出的資料，演講的內容都無法改變了。我已經設定聽眾群，並反覆斟酌過演講內容，在正式上場前去在乎聽眾的反應也無濟於事。如果不符合他們的需求，或許也會有人中途離席，但我對自己說，「那也沒關係，就享受這一段時間吧。」比起

Q

如果要放下對結果或是評價的期待，你能從哪裡放手呢？

對方的反應，我把更多的焦點放在「自己打從內心想要傳達的事情」上，聚焦於如何才能心情愉快地發表演講。結果，在聽眾回饋的問卷裡我也獲得了好評，或許是因為我抱持著熱情演講，傳達了一些內容給聽眾的緣故吧。

當然工作成敗與否取決於客戶或上司的評價，因此考慮對方的需求和反應也是必要的。舉例而言，在製作提案資料時，如果沒有試著想像對方的需求來進行準備的話，是不會被採用的。

然而在製作完成，印刷後，你再如何想像對方能不能夠接受這份資料也沒有太大的意義。同樣的道理，以考試來說，努力認真念書雖然很棒，但在應考後再去擔心考不考得上也無濟於事。

A

向客戶提案，能不能通過，取決於對方。

簡報當天不要在意聽眾的反應，讓自己樂在其中。

「現在再想這些也沒用」，即使如此，我們還是會擔心對方的反應，擔心結果，心情因此受到影響。**我們應該在某個時間點放下對結果的期待，專注於行動，讓自己從壓力中解放。**

在你做好萬全的準備後就上場，不要擔心對方的反應和最後的結果。只要能做到這樣，做簡報時你的壓力就會減少，並感覺心情輕鬆。

接受現狀，「現在這樣就好」

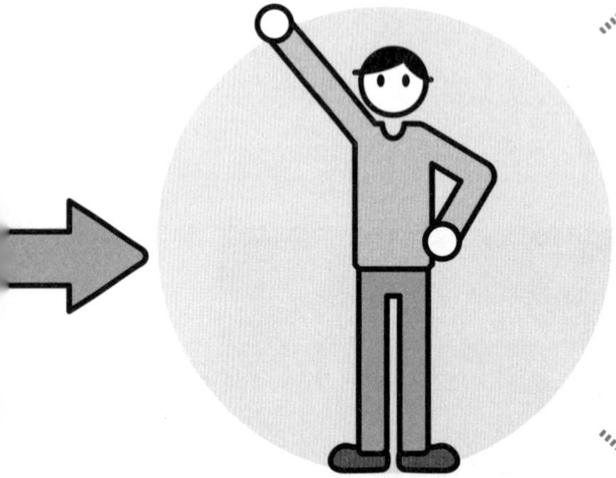

現在這樣就好！

○竭盡全力去做好現在能做得到的

「我寫的文章很無聊。」

十三年前，我擔任教人邁出第一步的教練，那時我第一次接到了撰寫專欄的工作。稿費幾乎是零，那家媒體的點閱率也不高，但因為是第一次收到邀稿的緣故，我非常開心，躍躍欲試。

然而在看了自己寫好的專欄文章之後，我張口結舌，因為讀起來一點都不有趣。

我不知道該不該將這一篇毫無原創

瞭解自己現在能做得到的界線，盡力跑，並交棒給未來的自己。

✕ 煩惱於自己的能力不足

性的文章公諸於世，於是向我的教練老師請教他的想法，請他直言不諱。

　我的教練說：「你簡明易懂地寫出了什麼是教練，文章也易讀。只不過這不是古川先生你才寫得出來的內容，充其量就是和教科書一樣的普遍看法罷了。」他一語道破了我心裡的感受。和我平常閱讀的教練書籍相較之下，我的文章不但內容初階，也沒有原創性，我覺得自己能力不足。

　這位教練寫過一本充滿獨到觀察的書，因此我問他：「要如何才能寫出一本像您一樣的書呢？」他回答：「你要**不要試著接受現狀，雖然沒有原創性，不過現在這樣就好呢？**」

　我因為教練的一句話，心情莫名變

Q

如果你還在努力，卻遲遲無法達成理想，要不要試著接受現狀「現在這樣就好」呢？

輕鬆。我以初出茅廬之姿，不可能一下子就寫出一本充滿獨到觀察的書，我只能在現在這個時間點，竭盡可能做到盡善盡美。「你要不要試著接受現在這樣就好」的一句話，包含了自己未來的成長和可能性。

「現在這樣就好」不同於「一直都這樣就好」，在某種程度上化解了我對於自己「永遠只能這樣」的不安。

接受自己的能力不足，是在成長過程中不可或缺的過程。如果打著過高的目標，有時候會遭受無力感的折磨，也可能阻礙你採取行動。

在這種時候，如果這是你竭盡全力創造出來的結果，就告訴自己「現在這樣就好」試著讓自己持續累積一小步一

A

雖然我的動作遲鈍，但我已經記住舞蹈的動作，現在這樣就好！

部落格的內容雖然不夠成熟，但我能做到每天更新，現在這樣就好！

小步的成長。

因為我們只能從現在的自己開始起步，除此之外沒有其他方法。

重新審視對方的期待值

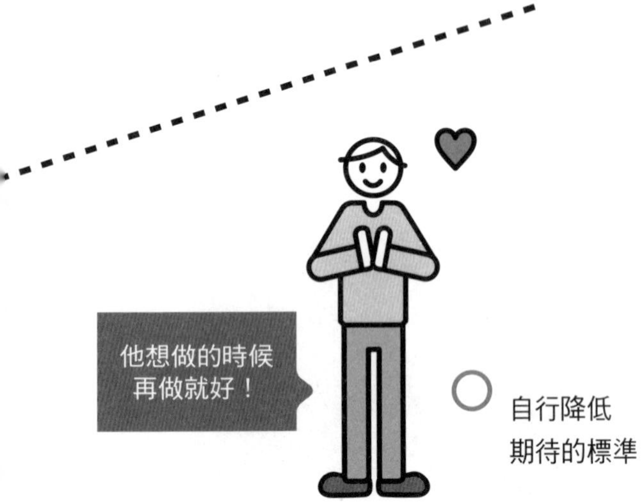

吉田明世、中村仁美、枡田繪理奈三位女性主播，在富士電視台《我們的時代》節目裡曾經有過一場對談。

三位職業婦女聊到她們的煩惱，其中，我認為吉田明世主播的彈性思維恰好是思考習慣上一個活生生的例子，接下來我想忠實呈現她們的對話內容。

中村主播：「當妳想要求老公『修理一下這個』時，妳會怎麼做呢？」

吉田主播：「我已經把他這個毛病

期待和現實有落差
只要調降期待值，就會變輕鬆。

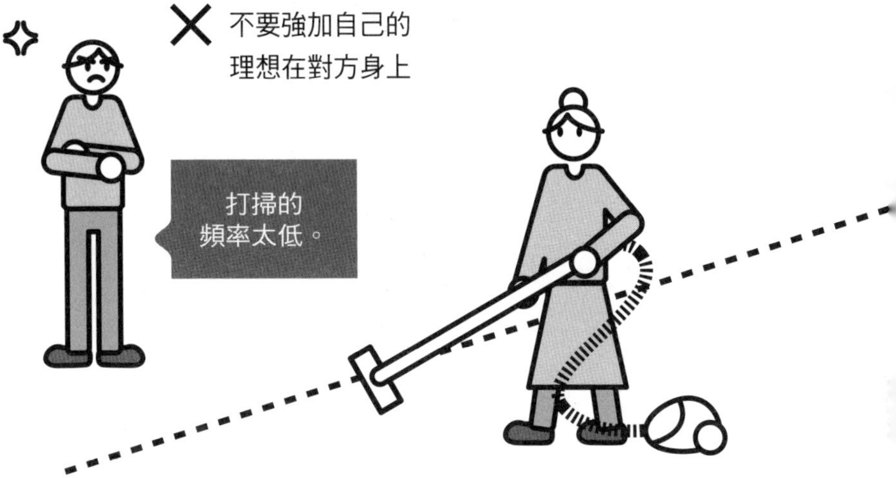
不要強加自己的
理想在對方身上
打掃的
頻率太低。

當作是不治之症了，反正我自己也有很多被人提醒也改不過來的毛病。所謂夫妻，大概就是彼此都抱著這樣的毛病，然後尋求妥協之道吧（中略）。」

中村主播：「結婚之後，有沒有讓妳實際感覺『咦，怎麼跟婚前不太一樣』的地方呢？」

吉田主播：「當然也有不滿，可是我發現我感覺不滿的時間點，都是我自己選擇的。（中略）一開始，我看到水槽裡有餐具時也會覺得『老公你為什麼不現在洗一洗呢？』可是，那是我自己因為現在看到這些髒碗盤才覺得煩，我老公並不覺得。我最近明白了把我的情緒強加在他身上是不好的。而從這一點我也學習到，想做的事情現在就要馬上去做。」

問問你

Q

什麼事讓你因為期待與現實有落差而感到焦慮，或是成為你不滿的根源呢？

根據夫妻關係專家約翰·高特曼（John Mordecai Gottman）博士的研究，在婚姻發生的爭執中，有六九%是「永遠都會存在的問題」。擁有幸福婚姻生活的夫妻，會提醒自己不要將這些無法解決的問題擴大。*

只要是人，都不完美，所以一定會讓你感覺「不收拾整理」、「買東西超級久」或「遲遲出不了門」等不滿。

我們不該期待有一天這些問題都會消失，而是把這些當作是「永遠都會存在的問題」，只能和它們好好相處，這樣的想法才新鮮。

吉田主播說的「把它當作是不治之症」或「當我覺得不滿時，都是在我自己決定的時間點上」，都恰恰是不試圖

A

或許老公不打掃的毛病改不了也不一定，我也有常常遲到的問題。

上司老是顯得焦躁不安，那是他的個性，沒辦法！

改變對方，而是改變自己的觀點或期待值的彈性思維。

無論是針對他人或自己，要求「應該要完全沒問題」都是強人所難。「本來就應該這樣」和現實有落差會造成心裡的煩躁和不滿。在這種時候，不要去改變對方或現實，試著修正你認為的「應該」。

* 摘自《七個讓愛延續的方法》（*The Seven Principles for Making Marriage Work*）。

習慣開關

37

先預設一段失望期

雖然有點突兀，不過我想出謎題讓大家猜一猜。

「『有一座蓮花池中的睡蓮，一天可以長大兩倍。睡蓮要完全覆蓋整個蓮花池，需要花上三十天的時間。那麼，睡蓮覆蓋住半個蓮花池，會是在第幾天的時候呢？』

聽到答案是第二十九天，很多人都會覺得吃驚。

睡蓮覆蓋半個蓮花池，是在覆蓋

沒有任何一顆種子能馬上開花。只要不放棄堅持，有一天會有成果。

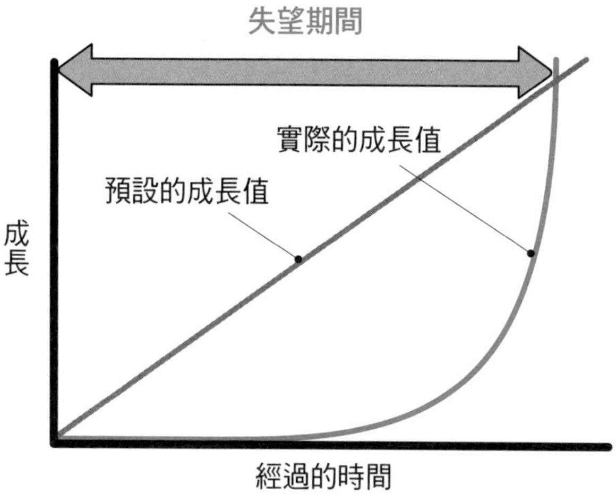

本圖表的製作依據「奇點大學」（Singularity University）所教授的飛躍成長法。

整個蓮花池前一天的事。那麼在第十五天時，睡蓮大概會覆蓋蓮花池的多少面積呢？答案是〇．〇〇二五％。也就是說，在半個月的時候，我們幾乎察覺不到睡蓮的存在。」＊

一開始慢慢地成長，有一刻突然產生結果，這一刻就稱為「轉捩點」。我們努力的成果有時就像蓮花池裡的睡蓮，從第二十九天的時候一口氣冒出表面，呈現指數型成長曲線。

我的事業夥伴伊藤良先生在開始教練生涯時，就下定決心以「總有一天要出書」為目標，每天在部落格中持續

＊ 摘自《以社會改革為目的的系統思考實踐引導》（*Systems Thinking For Social Change*），大衛．彼得．史特羅（David Peter Stroh）著。

Q

你可以用什麼話來鼓勵自己度過失望期呢？

發表新文章。即使他日復一日持續寫作，點閱率卻遲遲沒有成長。到了第三年，他以為「已經發表超過一千篇文章，終於有出版社來找我談出書了」結果收到的卻都是自費出版的廣告。他很失望，「一直都等不到結果」，不過他還是持續更新部落格。後來，居然在第一千八百三十一天出現了一家大出版社與他洽談商業出版。距離他成立部落格以來，已經過了五年。

連續一千八百三十一天每天更新，這樣無法造假、務實的毅力吸引出版社的目光，讓他成為了一名暢銷作家。

如同前頁圖表，我們對於自己付出的努力，有著直線成長的期待，然而在現實中，有時候成果卻是像蓮花池裡的

冷石頭也要坐
三年才會暖。

A

桃子、栗子要三年
才會發芽，柿子則
要八年才會結果。

努力三年等待關鍵
轉捩點的到來。

睡蓮或伊藤良先生的例子一樣，以指數型的方式呈現。**努力卻沒有成果，這段時期是內心最受挫的時候**。日本電子遊戲公司工合線上娛樂 GungHo 創辦人孫泰藏*稱這段時期為「失望期」。

雖然拚命背誦英文單字，多益考試的成績卻沒有馬上提升，也還無法開口說話。

然而，不屈不撓堅持努力好幾年的人，在迎來轉捩點時，英語能力一定會提升。正所謂「持之以恆就是力量」。

事先預設好一段阻撓你堅持下去的失望期，這是非常重要的。

* 兄長是軟銀的創辦人孫正義。

想一些強而有力的理由

很多人以養成「早起」、「讀英文」、「取得證照」等習慣為目標，卻因為無法持之以恆，最後無疾而終。

如果沒辦法持續，就容易喪失自信，覺得「我的意志薄弱」、「我沒耐性」。然而無法持續的根本原因，常常在於「沒有強而有力的理由」。

T先生是我的客戶，他成功養成早起的習慣。

只想「怎樣才能堅持」無法達到目的。要先思考，「為什麼想要持續？」

我一定要成功創立
我的副業。所以
我一定要努力早起！

因為我想要被
派駐歐美，所以
我每天都要讀英文！

T先生經營自己的副業。

因為現有的工作無法支應家人在基本生活開銷以外的消費，因此他希望擁有更多收入。另一方面，他也希望在孩子大學畢業後，能夠把生命投入在自己打從心底喜歡的工作裡。因為這兩個理由，他開始了自己的副業。

然而當他展開副業後，卻面臨一個難題，「我的本業工作一直加班，抽不出時間。」

晚上他要加班、應付客戶，忙得團團轉。即使早一點下班，一整天的工作也讓他累得無法集中思緒，沒辦法更進一步。這是他所面對的課題。

「那麼，你能排出多少時間呢？」

結論是，他除了早上能處理副業之

問問你

Q

你未來想成為什麼樣的人呢？為了達到這個目的，你應該養成什麼習慣呢？

外，沒有其他辦法！因此，他早上五點起床，將六點到八點的兩個小時當作是副業的時間，養成這樣的生活規律。

當然他眼前有著種種難關，加班、與家人的約定行程，或熬夜的誘惑等。

然而，他對於實現理想的欲望幫他克服了這些關卡，形成了他早起的原動力。T先生之所以能夠早起，是因為他擁有強而有力的理由。

舉例來說，假設你心想「新的一年得有新抱負才可以」，就有必要開始養成「早起」的習慣。然而，如果只是單純因為「早一點起床，早上比較有時間做事」，這樣薄弱的理由是沒辦法讓你戰勝熬夜的誘惑的。

A

我想創業，所以我要早上五點起床思考新的事業計畫。

我想在聯合國工作，所以我要苦讀英文。

我的建議是，**在養成新習慣時，把自己的理想明確化之後再開始**。也就是，「我想變成什麼樣的人？我以什麼為目標？」

人們經常問我，「怎麼做才能養成習慣呢？」這樣的順序是錯誤的。應該先思考「我為什麼想要養成這個習慣？」設定一個強而有力的理由，才是先決條件。

只要找到一個無法動搖、強而有力的理由，心態就能隨之進入狀況。

如此一來，無論是早起還是讀書，都會因為這個理由而堅持下去。

習慣開關

39

將自己投射在好故事裡

有時給你勇氣、讓意志消沉的你覺得心情輕鬆一點的，會是別人的故事。

在我想鼓舞自己持續接受挑戰時，能成為我心靈滋糧的偉人，是種蘋果的木村秋則先生。暢銷書《這一生，至少當一次傻瓜》敘述他的故事，也翻拍為電影，由阿部貞夫主演。我想有很多人因此都認得木村先生，我也是深受感動的讀者之一。

他成功栽培出所有人都說絕對不

在意志消沉時，能激勵人心的是「故事」。

可能的「無農藥蘋果」，苦苦守候了八年。他過著極度貧苦的生活，遭到全部村民拒絕往來，多次失敗、不斷摸索，甚至陷入絕境，也曾考慮過自我了斷，最後終於找到全程不使用農藥種出蘋果的方法。

當我在開創新事業，再怎麼努力都無法順利進行，覺得沮喪氣餒時，我會想起這則故事來勉勵自己。我對自己說：「和木村先生壯烈的艱苦奮戰相比，我現在的情況沒什麼大不了的。」，藉此給予自己勇氣。另外，孫正義先生的自傳《孫正義都不知道的孫正義》，還有稻盛和夫先生讓日本航空公司重生的故事，也是我會在心裡反芻數次的故事。

Q

能帶給你勇氣、療癒你，讓你感覺活得像自己的故事是什麼？

你的思考習慣，會因為你心裡有沒有一個能夠賦予你許多勇氣的故事，而有所轉變。

故事能夠激發我們的幹勁，在我們迎向挑戰時為我們加油。

偉人傳記和《寒武紀宮殿》*、《熱情大陸》**之所以會影響我們對事物的認知，是因為我們在視聽其內容之後有所感觸的緣故。

能強烈觸動情感的，不是言語，而是印象。比起那些堆砌華麗詞藻，**讓人覺得「所言甚是」的故事，讓人容易有概念的真實經驗談，更能撼動人心**。印象，才能打開大腦的開關。

當你覺得疲憊不堪時，請試著在腦袋裡放映你喜歡的故事吧。

A

動畫《灌籃高手》的安西教練說：「放棄的當下，比賽就結束了。」

孫正義說：「騎腳踏車跑業務的話，公司就不妙？那就踩快一點啊！」

不要都挑那些充滿挑戰的故事。療癒你、或是讓你覺得只要活得像自己就好，這種故事也不錯。不要專挑日本旅美職棒選手鈴木一郎、日本最優秀將棋棋士羽生善治、松下電器創辦人松下幸之助等偉人的故事，有時候平易近人的小故事也能激勵你的心靈。

請找出可以撼動你的心、動你心弦的故事。

只要遇上困境時就想起這則故事，把自己放進故事情節裡。故事，會成為你的心靈糧食。

不要只是一般的理論，而是能真正打動內心的故事，才能讓你明白人生的道理。

* 日本東京電視台以經濟為主題的談話性節目。

** 日本TBS電視網製作的人物側拍紀錄片節目。

習慣開關

40

找出正面的意義

「一天清早，一名男性在海邊散步，看著襲來的浪花。他發現數不清的海星被打上沙灘，因為日晒而瀕死。

他因為這樣異常的景色茫然呆立，忽然看見遠方有一名年輕女性將海星一一拾起，丟回大海。他走近這名女子，向她說：『妳這樣做不是白費時間嗎？海星如此繁多，妳這麼做到底有什麼意義呢？』

女子撿起腳邊的一隻海星用力地丟向大海說：『對那隻海星有意義。』接

只要找到「成長的意義」，再辛苦的事都可以忍耐。

原來如此，這麼令人厭煩的工作或許也有意義！

著，又伸手撿起腳邊的另一隻海星。」＊

所謂的意義不是誰賦予的，而是像這位海邊的女子一樣，是自己找到的。

我剛出社會的第一年被分配到個人電腦店鋪，處理客訴電話是讓我感覺吃力的工作之一。店裡的規矩是，負責處理客訴的是接到電話的人，而不是當初銷售出該商品的業務。

誰都不喜歡處理客訴。一開始，我會逃避，不接聽收銀機前的電話。然而不可思議的是，我愈是逃避，就愈會陷入不得不接聽電話的情況裡。

再繼續逃避下去，我的壓力只會愈來愈大。於是，我從中找出了意義，並

＊引用自《教練聖經》（*Co-Active Coaching*）。

Q

針對討厭情況，你能為它賦予什麼意義？

開始面對問題。我將處理客訴賦予「鍛鍊溝通技巧」的意義，積極對應。首先，我同理客人的憤怒情緒，同時必須仔細留意自己所說的話，最後達成讓客人也能接受的結論。

這需要ＥＱ（情緒智商）並包容對方的心情，也需要膽量使我在承受強烈的怒氣之時也面不改色，更需要敏捷的反應去思考如何能夠在瞬間說出得體的措辭。

身為上班族，永遠都需要這些能力，而我認為處理客訴是鍛鍊溝通能力的機會。如此一來不可思議的是，我的厭惡感降低了。透過自己賦予這件事情意義的方式，被迫的感覺消失了，處理客訴變成我的自發性行為。

A

在職場上有這麼
嚴格的上司，就能
磨練我的技巧，
強壯我的心智。

雖然我並不滿意被
分配到監察部門，
不過這是一個機會，
可以從另一個角度來
鳥瞰整家公司。

找到什麼意義才能讓自己願意投入，這因人而異。不過，找到這件事成長的意義，是一個有效的思考習慣。

習慣開關

41

連結自己過去的經驗來思考

過去的體驗

即使知道一件事情是正確的，如果你沒辦法打從心底接受，就會在要向前衝的時候剎車。如果想要毫不遲疑地向前邁進，你必須在理智、內心、情感上完全接受這件事。這非常重要。

當你面對沒有經驗的情況且必須思考對策時，如果能連結自己的經驗來理解，就能打從心底接受。

我四十歲才開始學「極真空手道」，每週上課。原本是因為想叫孩子

即使是第一次遇上的難題，和成功經驗連結後，就能找到方法。

去學，覺得自己身為父親必須以身作則所以一起學，結果不知道從什麼時候開始，自己竟然認真了起來。

我在第一次比賽的第二回合，遭到高一級的對手以強烈連踢的招式攻擊臉部，手腳幾乎完全使不出招式，就這樣敗下陣來。之後，我因為恐懼，在對打時一直不敢靠近對方。

我向指導日本冠軍選手的教練請教：「如何才能讓恐懼消失？」教練說：「只要多練習，就能克服恐懼。」他是我信賴的教練，因此在理智上我可以理解「原來如此！」然而每一次在對打時，恐懼感會來襲。恐懼真的會消失嗎？我一直無法打從心底接受。

因此，我試想：「在我過去的體驗

Q

對於你想不通的事，如果試著和自己的體驗建立連結，你能看見什麼本質呢？

中，有沒有類似的體驗呢？」

我突然想到，有！上台簡報。我的主業是企業研修課程與演講，在眾人面前說話是家常便飯。因此，人們經常問我：「要怎麼做才能在上台簡報時不覺得緊張呢？」

我都會回答他們「到最後都是以量致勝！」只要你完成了一定的場數，就算緊張的感覺沒有消失，也不至於再被擊倒。為了達到這個目的，在眾人面前說話的經驗值是絕對必要的。

對於現在想馬上從強烈的緊張感解脫的人而言，我知道這個答案不能讓你如釋重負，然而這是我實際的感受，我只能如此回答。

我因此察覺空手道和上台簡報在

A

在結合打橄欖球的經驗後，持續學習英文的竅門變得明確。

在和業務工作連結後，就能接受夫妻之間信賴關係的本質了。

本質上的結構是相同的。「想要馬上消除」學空手道時的恐懼和上台簡報時的緊張感，性質上也是一樣的。當我將空手道教練的話套用在自己簡報的成功經驗上時，相信自己有一大能克服恐懼。我也明白，到頭來，重要的是每一天進行鍛鍊。

就像這樣，當你遲遲無法想通，怎麼也不明白時，試著連結自己的類似經驗來思考。

習慣開關

42

利用口頭禪讓自己湧出幹勁

為了找到天職，我該做什麼呢？

將《高效能人士的七個習慣》一書引進日本的詹姆斯．斯金納（James Skinner）先生的演講問答時間，一位三十歲的男性舉手問了這樣的問題。

「我找不到我想做的事。要怎麼樣才能找到讓自己一輩子樂於其中的天職呢？」

斯金納先生這樣回答。

「你花了多少時間在『尋找』呢？

將「找不到」和「不知道」，換成「去找」、「去學」。

『找到』，是『尋找』的結果。你為了找到你想做的事，採取了什麼行動呢？」

提問者張口結舌：「呃，幾乎什麼也沒有做……。」

「這樣是找不到的。首先，你必須從尋找開始」，斯金納先生給他建議。

「找到」和「知道」，是果。而「尋找」、「探究」、「學習」、「嘗試」的行為是因，是自己能掌握的事。

說法上的小小改變，可以轉變我們的思維。

就前述的例子而言，不要說「我找不到我想做的事」，而是改變說法，「我還沒尋找我想做的事」。

Q

關於你的煩惱和夢想，如果將被動的話語改為主動的言語表達，你覺得能做什麼呢？

不要說「我不知道怎樣才能減少加班時間」，而是換一種說法，「我學學看減少加班的方法」。

如果你說「不知道」，思考就會停頓。然而，如果你說的是「學」和「試」，就會開始行動。

舉例而言，如果有人問我，「我的自我形象很低，怎麼做才能提升呢？」我會反問他，「你覺得要怎麼做，才能培養自我形象呢？」

不是「高」、「低」二則一，「培養」的這個詞裡有動能，可以創造未來的成長空間。

被動的說法：找不到、我不會、不知道、很難……

主動的說法：嘗試、學習、尋找、

A

不說「我的英文沒進步」，而是說「我要學讓我能進步的方法」。

不說「我的時間管理很差」，而是試試可以改善的辦法。

探究、培養、成長……

只要像這樣在腦袋裡把你經常重複說的話改為主動的說法，你的思維就會有所轉變。

認定沒有無謂的事情

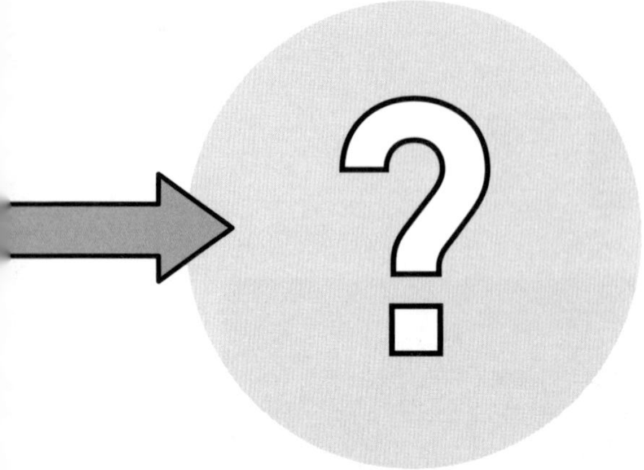

喝進肚子裡又排泄出來的茶，
還是「茶」嗎？還是變成了其他？

如果在工作上或人生中連番遭遇不幸或運氣不好的事，有時光是面對就很困難。如果接下來的例子能放鬆你的心情，我將感到萬分榮幸。

這是漫畫《ＺＥＮ釋宗演》＊裡的一段禪宗的公案對答。雖然有點長，不過意味深長，因此我引用其原文。

這段對話出自年輕時的鈴木大拙＊＊向釋宗演法師請教的章節。

現在所做的事有沒有意義或價值呢？有和沒有之間沒有明確界線的。

釋宗演法師因為一手教導文學家夏目漱石所有的佛法教義而聞名於世，他曾經是日本鎌倉圓覺寺的住持，也是為禪宗推廣至全世界開創了契機的關鍵人物。而將禪學思想進一步翻譯成英文並向海外推廣的，就是鈴木大拙。

鈴木大拙說：「我雖然已經參禪數年，卻依然連皮毛都不懂。要我這樣的人來負責將關於佛法內容翻譯成英文，我認為是不可能的。」

釋宗演法師拿起一杯茶，問鈴木大拙「這是什麼？」

鈴木大拙回答：「是茶。」

＊ 高島正嗣著。

＊＊ 日本禪學大師，曾於一九六二年受提名諾貝爾和平獎。

釋宗演法師在鈴木大拙眼前將這杯茶一飲而盡，又問：「這杯茶去了哪裡呢？」

鈴木大拙回答：「在您的肚子裡。」

於是，釋宗演法師說：「是的，這杯茶應該是和我今天早上吃的粥還有胃的黏液，一起在我的肚子裡。不過，即使現在在肚子裡，吃進去的食物總有一天要排出。我想問你，排出來的東西是茶，還是其他東西呢？」

鈴木大拙說：「我想……應該是其他東西。」

釋宗演法師說：「嗯。那我再問你。原本的茶跑哪去了？這東西在什麼時候之前叫做茶呢？」

「這個……」鈴木大拙陷入苦思。

最後，釋宗演法師說：

人生中沒有一件事情是無謂的。只要這樣認定，對事情的詮釋便會不同。

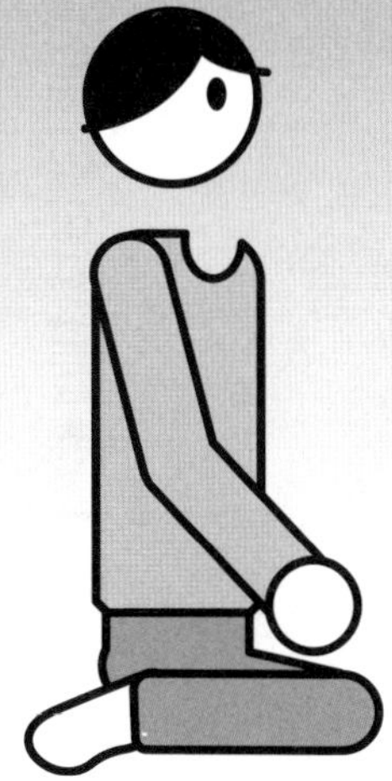

「沒有清楚的界線！剛剛你說那是茶，在我看來那卻是植物和生命。在茶葉被人用熱水泡成茶湯之前，是以植物之姿生長著。

茶樹的種子在富含營養素的土壤中生長，吸收水分並接受陽光照射。……生命和植物的洪流從遙遠的過去到遙遠的未來持續不斷地流動，而我們生活在其中。……乍看之下看似無意義的現象，都是有意義地在發生。……甚至是被踩爛的果實、被墮胎的嬰兒、被人置之不理的野獸屍體，都從過去到現在，繼而到不可視的未來都發揮了影響力，也成為了某些東西的礎石……」

「大致就是這樣的道理吧。就算是我，也沒有掌握佛教的全部。那麼，接下來還是麻煩你了！」

Q

所有事情之間都有關聯。如果你要相信世界上沒有無謂的事，你要如何去看待一切呢？

這段對話，就在這裡結束了。

我也一樣，在獨立創業後的三年間，在教練業界中依然找不到屬於自己的定位，既焦急又痛苦。我試著打出「描繪夢想的教練」頭銜，還有「專業教練」、「動機教練」、「朝會專業教練」等，甚至遭到客戶揶揄每次見面名片上的頭銜都不一樣。每種嘗試都不順利，找不到可以代表我的立足點。

我拚命地找，但有三年的時間我就像是無頭蒼蠅一樣東奔西竄。我覺得「已經受不了啦！」跑到東京目黑川畔散步時，忽然得到啟示，我想要過著寫書的生活，於是就想到「習慣養成」的切入點。這是我願意窮其一生追尋的主題，是我最高的定位。

雖然我覺得現在的工作沒有意義，但這依然會是我未來的滋糧。

A

如果我把這個檔案夾整理好，大家使用起來就會很方便。

雖然我覺得在走到這一步之前做了許多無謂的事，然而我也認為好像沒有一條捷徑可以取代這三年的四處摸索。現在的我懂了，**所有的事情都有意義，也都有其必要。**

在漫長的人生中沒有任何一件事情是無謂的。只要站在這樣的觀點，你就會改變對眼前所見的詮釋。

以感謝的心態來改變世界觀

「當我學會感謝後，就不再煩惱！」

日本NHK電視台《幸福學》熾熱教室製作團隊的研究顯示，懂得感謝的人光是感受到這種情緒，心靈的充實度就會提升。

他們認為，幸福的人共通點在於具備感謝的習慣。

而只要擁有感謝的習慣，就能轉變成幸福的體質。

只要養成感謝的習慣，就能轉變成幸福的體質。

過去，我曾經在一家大型化學製造企業開設三小時的思考習慣講座。

當時因為該企業要將化學工廠從日本遷移至海外，原來的六十名員工必須派駐當地，員工因此出現不滿的聲音。

該企業因此拜託我「替員工開辦課程，想辦法讓他們能正向看待這件事」這個難度相當高，但我想如果能盡棉薄之力也好，於是前往工廠。

這場講座從員工說出他們的所有不安、不滿揭開序幕，然後有許多聲音趁這時機紛紛爆發。

「把家人留在國內，前往海外，讓我很擔心。」

「宗教信仰和飲食等太過不同，我覺得很不安。」

問問你

Q

今天有什麼不經意的事情值得寫下感謝呢？

「我連其他縣市都沒去過，要我派駐海外太過分了。」

「我沒辦法帶孩子一起去。」

「前往海外工作，太孤單了。」

然而在過了一小時後，有一位學員開始說出正面的意見，「不過，還能保有工作就謝天謝地了啊……」

這件事的背景是這樣的。另一家企業是他們的競爭對手，也是將工廠遷往海外，但把剩下的員工全部資遣。而這一家公司則是在和工會商量後達成妥協，他們決定，雖然會有人事異動，但不裁員。不過相對地，希望員工可以接受轉調海外。

於是，其他學員也開始拋出相似的

今天同事也約了
我一起午餐。
謝謝他的貼心。

A

妻子為了我的健康，
做好晚餐等我回家。
謝謝她。

雖然公司老是要求
一些麻煩的事情，
但是在員工雇用上
卻照顧周到。感恩。

意見，「確實，如果現在被資遣的話，我也沒有其他地方可以去……。」站在感謝觀點發出的聲音愈來愈多。雖然不是所有員工都在這三小時的講座上轉變心態，正面看待這件事，然而因為有人找到了值得感謝的事，正面的詮釋才會愈來愈多，這是事實。

容易陷入負面思考的人如果開始書寫感謝日記，可以經常聽見這種感想：「煩心的事戲劇性地減少了。」

這是因為，如果**可以感謝那些讓你有負面觀感的事，你的詮釋就會有所不同**，「連這件事情的發生都值得感謝。」當你養成了感謝的習慣，詮釋的層次就會隨之不同。

第3章

感受的習慣

找到自己想做的事情

找回情感豐富的習慣

首先，先試著感受一下你心裡的感覺。

正面的情感，像是安心、放鬆、自我肯定、成就感、意義、感謝、完成感、平靜、連結等。另一方面，負面的情感則有不安、焦慮、自我嫌棄、挫折、後悔、恐懼、絕望、焦慮、未完成感、危險、孤獨等。

你感受到什麼情緒的時間比較久呢？

如同行動模式和思考模式，我們在心裡所感受的情緒也有模式，我稱為「感受的習慣」。想要過著幸福人生，或是長時間活躍於商界，改善你的「感受習慣」是非常重要的。

當你忙於生活，被工作追著跑時，有意識到自己「感受」的時間就會減少。

你甚至於認為，行動時不帶情感更好，事情比較不麻煩。然而，一旦你的感受習慣惡化，你的行動和思想習慣便會漸漸受到負面影響，使得你喪失人生和工作的充實感。

正向心理學的「三：一原則」，即人們從不幸福到幸福的情感轉換瞬間，心裡感受到的是三分的正面情感與一分的負面情感。

這項原則有趣的地方在於，它並不主張負面情感是不需要的。如果沒有不安，你就不會預做準備。如果不焦急，你就不會加緊速度。如果沒有適度的自我厭惡感，你就不會反省。因此，即使是負面情感，在人生中也是必要的。

話雖如此，比例卻相當重要。舉例而言，如果占據你心靈的情緒比例是一分的正面情感與三分的負面情感，那會怎麼樣呢？這個人應該會經常受到不安、焦慮、無力感和自我嫌棄你的情緒所折磨。

誰都有過遭受負面情緒侵襲的時候，只不過，這樣的情緒是長久縈繞在你心中，還是能夠隨即擺脫，將造就全然不同的結果。

因此，當我在擔任習慣養成顧問時，我會一邊傾聽客戶在習慣養成上的煩惱，一邊觀察他目前處於什麼心理狀態，也就是把焦點放在他的情緒上。

例如，如果一個人的生活被壞習慣搞得一團混亂，幾乎可以百分之百地說這他感受習慣正是極差的時候。如果一個人因為工作和人際關係心煩意亂，此時他應該會想大吃大喝，或是漫無目的地瀏覽網頁，藉以紓壓。當你感覺到壓力時，就容易染上不好的行為習慣。

從另一個觀點來看，感受習慣也很重要。

那就是在你煩惱「找不到想做的事情」、「找不到自己喜歡的事情」的時候。當你再怎麼想也找不到答案，開始橫衝直撞的時候，就等於開啟了一場異想天開的自我探尋之旅。然而，就像是幸福的青鳥一樣，答案不需向外追求。如果你一直沒有察覺答案就在自己的內心，便會不斷地白兜圈子。

重要的是與沉睡在你心底、會使你產生「狂熱」、「想埋首其中」的欲望相互連結。這樣的欲望一旦爆發，強而有力的情感便會湧上心頭。接著，你只要以這樣的欲望和感受為基礎，追尋你所喜歡的事情或天職就可以了。

這樣強烈的感受是源自於何處呢？它們是來自於信念和本質這兩種力量。

信念，是一個人無意識相信的事物。

相信「只要去做就會成功」的人，和相信「我做不到」的人即使身處在同樣的情境下，他們所感受到的情感也完全不同。前者會感覺到希望、可能性、自己是有能力的，後者的心靈則會被絕望、阻塞和無力感所占據。

本質，是一個人與生俱來的欲求、特性。每個人感覺到舒服的境界都不一樣。有些人達成目標就能感到人生的價值，也有些人的幸福程度會因為每天與不同的人密切接觸而有所不同。有些人透過追求創意表現而感到充實，也有些人愛的則是安穩平靜的日復一日。對於這些，你不必改變，而是要挑選最像自己的選項順著去做。

蘋果電腦創辦人史蒂芬·賈伯斯曾在哈佛大學的演講說：

「比任何事都重要的是，要有勇氣去順從自己的心和直覺。你的心和直覺，早就知道你真正想做的事情。其他的事都無關緊要。」

當我這麼說，有人會問：「要怎麼做才能順從自己的心和直覺呢？」這些不是想出來的，而是內心和靈魂層次的反應。你只能磨練自己的感受力。

把一個最簡單的問題拋向我們的內心深處，「你做這件事是興致勃勃，還是興致缺缺？」養成習慣去感覺，並順著你的感覺。多做些你內心深處回應「YES」，感到躍躍欲試的事，同時對那些你不感興趣的事放手。如此一來，你的人生和習慣的養成都會愈來愈順。

接下來，本章就分三個部分介紹如何培養自己的感受習慣。

培養感受習慣的兩種力量

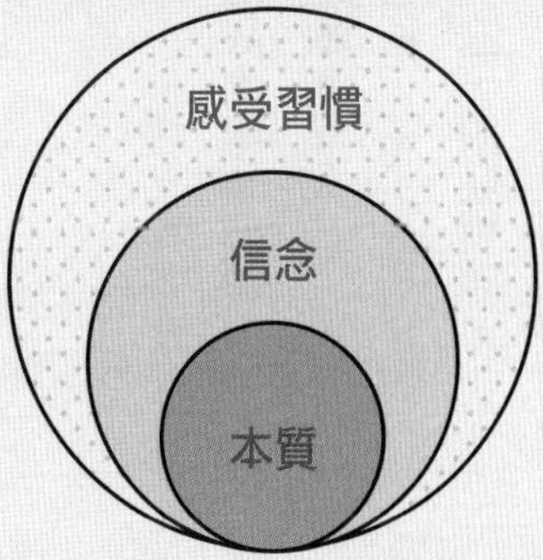

習慣開關

45

減少耗電，增加充電

覺察感受習慣的第一步，我建議試著探究讓自己情緒提振或低落的原因。

一天中，什麼事會讓你的感受、心情、能量低落？

- 我想早起，但快七點半才起床。
- 午餐時間我大吃了一頓。
- 該洗的衣服堆積如山。
- 我覺得很煩，罵了孩子一頓。
- 家裡一團亂，讓我嘆氣。
- 和朋友約吃飯，我卻臨時取消。

心靈能量達到最大值時，最能獲得充實感。

充電

在通勤電車裡聽喜歡的音樂

進行肌肉訓練

- 上週必須提交的工作報告，我又從今天拖到明天。

不論是誰，一天當中都會發生許多類似的事。這些事會使你的情緒低落，就這層意義而言，稱為**「心靈耗電清單」。為了改善你的感受習慣，將這些會奪走你能量的事寫下來，自我覺察，並讓它們漸漸減少，這非常重要。**

那麼，只要讓耗電的情況消失，心靈就會變得豐富嗎？並非如此。如果只做到讓情緒低落的原因消失，你的能量只會從負變成零而已。

那麼，一天中，提升你的感受、心情、能量的事情又是什麼呢？

- 可以在書房悠閒閱讀半小時。

Q

對你來說，讓你「耗電」和「充電」的事情是什麼？

- 在電車中聆聽皇后合唱團的音樂。
- 完成伏地挺身、仰臥起坐。
- 仔細寫完日記。
- 和家人一起吃飯。
- 上司稱讚「製作的資料簡明易懂」。

這些能提升你的情緒能量，我稱為**「心靈充電清單」**。讓每個人感覺充實的原因各不相同。

即使今天你什麼也做不到，不過**只要寫下充電清單，就算一整天都在耗電，在一天結束之前也能以「一招」提升你的情緒**。

請試著在一天結束之前，回顧一整天，寫下當天的綜合充實度（％）、耗電和充電清單。

A

熬夜、因為飲酒過量導致睡眠不足。

在家裡悠哉地泡澡、讀書，是最棒的充電方式。

回顧的行為非常重要。當你書寫出耗電和充電清單之後，就能掌握累積在心裡的壓力、你所真心喜歡的活動。慢慢就能減少耗電、增加充電，你的感受習慣就會漸入佳境。

這是一個契機，讓你可以瞭解自己感受習慣的現狀，也讓你開始一點點做出小小的改善。

保持專注

專注狀態
（現在專注在這當下）

當心情「專注」（專注於當下）時，你會感覺充實，在「不專注」（心不在焉）時，則會感覺壓力。

即使是忙碌的每一天，當你全心專注一件事情時，壓力是小的。但如果你的行動和意識分散在一個以上的目標，大腦就會感到有壓力。

壓力是源自於對過去的後悔及未來的不安。

近來，專注以「正念」的概念蔚為

只要專注當下，壓力就能降至最低。

非專注狀態
（心不在焉）

一股風潮。在Google及麥肯錫公司等外商工作的辛勤工作者會為自己安排冥想時間，以消除壓力、恢復專注。

我也會到鎌倉的圓覺寺或東京谷中的全生庵打坐。

那是非常簡單的方法，只要挺直背脊、數算呼吸就好。一開始的十分鐘，內心會湧出雜念，使我處於不專注的狀態。然而一旦跨越了這個階段，就會進入除了呼吸別無其他的專注世界裡。雖然稱不上是「無」的境界，但我會感覺到我存在「當下」，有著深淵一般的寂靜，一股無窮的平靜造訪我的心靈。

當你的心靈專注，進入當下模式後，你將能擺脫壓力，感受到療癒，並且找回你清明的專注力。

Q

為了進入專注狀態，要如何做到呢？

在以打坐將意識集中於呼吸的這段時間裡，你可以遠離每天的雜事、煩惱和壓力，當你試著潛入平和而寂靜的內心深處，你將能看見，擾亂內心的其實都是微不足道的事。這實在不可思議。

當你身陷在這些問題時，你看不見。當你心情寧靜進入平和的世界裡，就能綜覽全貌，看得一清二楚。

想進入專注狀態，不一定要冥想。行走在大自然中忘記時間的流逝，也是方法。我也很推薦你去運動，只要專注游泳十五分鐘，你的意識焦點就會從頭腦轉移到身體。此時，就能進入只有當下的神馳狀態。

培養一個能讓你埋首其中的嗜好，也能讓你進入當下才有的神馳狀態。此開始慢跑 20 分鐘之後，我可以進入專注狀態。

在房間聆聽我所喜歡的音樂家的曲子，讓我可以沉浸在當下的這一瞬間。

A

外，在工作上也一樣，一次只專心一件事，**就是專注狀態**。

相反地，酒精飲料、賭博、智慧型手機雖然也能讓你將其他事情拋諸腦外，然而這樣培養專注卻是摧毀式的方法，因為一旦無法節制，對身體和經濟都會造成相當大的損害。

比起思緒分散在不同的事情上，我更希望你能夠保持專注。

習慣開關

47

拿回「主導權」

早上花 10 分鐘訂定計畫，
之後再開始工作

為了創造正向情感，拿回生活與工作的主導權是非常重要的。如同序章中提到的幸福公式，「自發性的行為」掌握了五〇％的幸福。

我以前在寫《「早起」的技巧》一書時，追求的是早起本質上的好處。

想早起的原因每個人不同。「想讀英文」、「想早一點進公司，訂定計畫後開始工作。」「想慢跑」、「希望步調能慢一點」、「想改變喜歡熬夜、糟

只要掌握生活的主導權，幸福度就會提升 50%。

自己決定早起的時間

自行決定在什麼時間
將智慧型手機關機

糕的自己」。

深入理解這些答案後，我發現，根深柢固不是流於慣性、被誰耍得團團轉或被時間追著跑等原因，而是**有更深一層的欲求，希望能從每一天的生活中拿回「主導權」**。

如果主導權和自我掌控感可以左右幸福的程度，你就能理解所有的習慣養成中，早起是普遍受到歡迎的原因。

然而，主導權不只有起床的時間。「流於怠惰」、「被預訂工作追著跑」、「被上司耍得團團轉」等容易降低幸福感。

相反地，如果感覺自己可以控制人生與生活，充實感就會提升。

Q

為了拿回主導權，你要設定什麼簡單規則呢？

要拿回主導權，首先，請試著寫出自己被什麼耍得團團轉，接著決定出簡單的原則，然後付諸實行。

例如：

「早上早起一個小時。」（擺脫兵荒馬亂的每一天。）

「早上花十分鐘訂定計畫後再開始工作。」（不再漫無計畫地工作。）

「在約定時間前十五分鐘抵達。」（不再因為電車誤點或塞車而焦躁。）

「智慧型手機在晚上十點關機。」（擺脫滑手機的惰性和癮頭。）

「書寫日記回顧一天。」（就算這一天被耍得團團轉，最後還是要面對自己。）

A

在容易離題的會議一開始，先明示目的及目標。

早上花 30 分鐘的時間在公司附近讀書。

當你被負面情感帶著走或是充實感下降時，應該都是處於受制於他人的模式之中。為了改善這種情況，只要從「決定簡單的原則」開始，就可以拿回主導權了。

實際做讓你期待的事

「存在在這世上的幸福比所有人想像的都還要多，可是大部分的人卻找不到。」

——莫里斯·梅特林克〔Maurice Maeterlinck，比利時文學家、一九一一年諾貝爾文學獎得主、童話《青鳥》（*The Life of the Bee*）作者〕

想要產生正向情感，就必須要創造出令你期待的人生或生活。

你有沒有這些煩惱呢？

做 10 件讓你期待的事，就能找回小時候的好奇心。

「我日復一日過著往返於公司和住家的刻板生活。」「我沒有興趣嗜好，所以假日總是不知道要做什麼，時間很多。」「什麼新刺激也沒有，一年一下子就過去了。」

如果你因為一成不變的生活感到無聊，我建議你養成習慣「採取令自己雀躍期待的行動」。

有一年夏天，我列出十項令我期待的行動清單。因為我希望能透過新體驗拓展自己的世界，因此清單上的每一項都是我第一次挑戰的行動。我在社群上公開宣誓將在一個月內完成整份清單，接著便開始行動。

1. 體驗釣魚。
2. 參加人生中第一次的高爾夫球無

Q 這個月就做到且令你期待的有哪十件事？

限暢打。
3. 一個人到酒吧回顧人生。
4. 和家人烤肉。
5. 體驗太極拳。
6. 旁聽開庭審判。
7. 攀登高尾山。
8. 參觀樣品屋。
9. 和家人一起去海水浴場。
10. 騎水上摩托車。

一旦在付諸實行後，只要有兩個小時的空檔，我就去無限暢打高爾夫球。而要體驗一個人進酒吧，我找了一下，自家附近就有。一個月之後，我騎著時速四十五公里的水上摩托車馳騁在神奈川縣美麗的江之島海岸，一邊眺望晚霞和富士山，一邊沉浸在完成了十項行動

A

去看我從之前就一直有興趣的太陽劇團表演。

到長野縣的上高地去做森林浴。

清單的成就裡。這份清單的其中一項優點是可以邀家人同樂。直到現在，我還是每個月都這麼做，我實際感受到，有多少的好奇心，人生就會有多快樂。

在好奇心甦醒後，日常生活變得有趣，感受的習慣也有所改善。

如同孩子一般的好奇心甦醒後，你將會發現世界充滿愉快且好玩的事。而讓你的世界變得狹窄的，是你的行動、思想、生活模式所造成的束縛。

此外，一旦**開始做著令自己期待的事，有時會在偶然下，遇見不可思議的人事物，會是你的人生轉捩點**。

請試著從既定模式中挪開腳步，踏進新的世界裡。你的好奇心愈多，世界就愈寬廣，人生的選擇也會增加，或許你將從這裡展開新的人生。

你的世界依信念而改變

「你覺得自己做得到，你就做得到！你覺得自己做不到，你就做不到！」這樣說，聽起來像是單純的精神論，不過，這是信念（一個人無意識所相信的思想）的不同。

信念會大幅左右我們的感受習慣。**信念來自於年幼時期的雙親和環境，是一種比思考習慣更不自覺的，於內心深刻層次的程式。**

一個相信「只要去做就做得到」的人，當他實際採取行動並獲得結果，就會進入強化這個想法的循環裡。相反地，相信「我做不到」的人因為沒有行動，所以沒有結果，因此會愈來愈強化「我做不到」的

深層結構的冰山模式

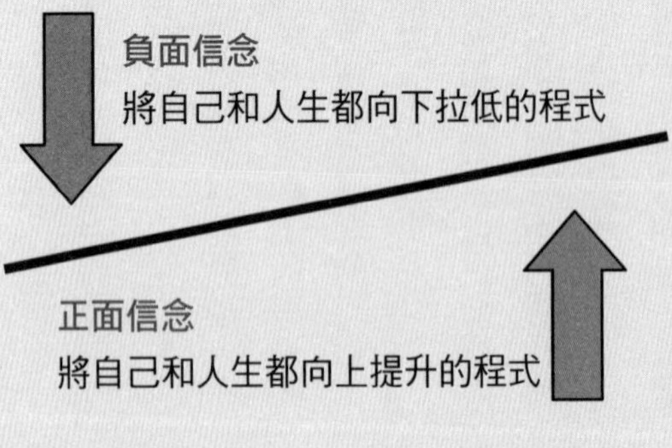
負面信念
將自己和人生都向下拉低的程式
正面信念
將自己和人生都向上提升的程式

信念。

負面信念，會讓你在遭遇困難時，情緒低落，放棄目標。

「沒人愛我」、「我很糟糕」、「如果不做到完美，就沒有意義」、「不能讓別人討厭我」、「不能相信別人」、「不能失敗」等。當你對行動踩了剎車，當你有想做的事卻一步也踏不出，背後都隱藏著負面信念。

相對於此，正面信念則是為了獲得我們所渴望的未來或目標，給予我們強而有力的動力，推進著我們。

舉例而言，如果你相信「我只要去做就會成功」、「我是幸運的」、「只要行動，必然會走出一條路」、「這世界為努力的人加油」，當你採取行動，就進入了招來成果或幸運的螺旋裡。

透過正面信念或負面信念來看世界、觀看一切發生的事，我們的感受將會大不相同。

接下來我將說明造成負面感受的信念、消除的方法，以及如何找到方法創造正面感受的信念。

請你抱持著探究信念是以什麼結構來影響感受、創造思考及行為模式的精神，閱讀接下來的內容。

接受原本的自己

可以一直不與外界接觸，持續寫作！

過去，我一直很羨慕外向的人。小時候，我總是喜歡關在家裡一個人玩拼圖或組合模型，爸媽總要我「多到外面玩」。和踢足球同學相比，我總感覺自己差他們一大截。

即使成年後，每當看見衝浪或從事戶外活動的人，或在派對談笑風生的人，雖然我想模仿他們，但總感覺疲憊而無法持續。

內向的我在擔任講師時，屬於必須自我切換開關的類型。同樣擔任講師的

性格沒有「好壞」，接受你曾經否定的自我。

我很內向，不擅長處在團體之中……

友人卻似乎是百分之百的外向性格，他說他一天二十四個小時與人相處都不會感到疲憊。我總是羨慕能以開放的心態與人相處的他。

不過，當我出版第一本著作時，他卻對我說：「你真厲害，可以默默地寫出這麼多文字。如果要我寫作，一週不與任何人見面，我大概會瘋掉。」

因為他這句話，我實際感覺到內向的性格是一種強項。確實，寫作是好幾週不與外界接觸，默默思考，並化為文字的過程，是孤獨的累積。可是對我來說，那不僅不是痛苦的，更是令我快樂的一段時間。

因為寫作的緣故，我得以接受內向和外向性格沒有哪一種比較差，兩者只

Q

你有什麼特質總是以否定面向來看待呢？要不要慢慢包容這些特質呢？

是不同而已，我也因此可以喜歡自己的內向性格。只要能不否定自己的特質並接受，你的自我肯定感就能提升。同樣地，在每一次接受自己的急性子或容易對事情感到厭倦的面向時，你不但可以掌握自己的面向，因為失敗或別人眼光而動搖的情況也會大幅減少。這和因為成功經驗提升了自我肯定感，是完全不同層次的事。只要能接受原本的自己，你對自我的評價就能穩定。

所謂接受原本的自己，是指過去你把自己和其他人相較之下覺得「較差」的地方，視為你與別人的「不同」，並加以接受。這是一個善待自己的過程，也是習慣。

愛爾蘭作家奧斯卡．王爾德（Oscar Wilde）說：「愛你自己，這是一輩子

A

容易對事情感到厭煩和好奇心旺盛是一體兩面。

細膩的特質是敏感覺察對方心情的重要感應器。

的浪漫情事。」接受原本的自己正是如此，那不是一時的事，而是一輩子的過程。和自己完全不同類型的人相互比較，努力地想要變成一個完全不像原本的你，那是不幸的。

接受自己的天性，並和接受你的人們走在一起，就能過著像自己的人生。

回想自己無條件被愛的時候

我無條件被愛。

在製造業工作的B小姐每天早上四點起床做孩子的早餐，學習工作所需的英文，並提早一小時進公司工作。

因為孩子還小，所以她的上班時間很短，然而因為不放心把工作託付給同事，她總是獨立完成，累積了一大堆做不完的工作，並感到煩惱。

即使工作尚未完成，她依然必須下班接小孩，做晚餐，幫孩子洗澡，哄孩子入睡。

覺得很辛苦，背後的原因是信念形成了「詛咒」。

相信如果自己不努力，就不會被愛。

我必須為了媽媽而努力！
只要我努力，媽媽就會誇獎我！

她也不遺餘力地幫晚歸的丈夫做下酒菜。

忙碌日復一日、從早到晚地。

她盡全力應付辛苦的職業、育兒、家庭主婦的工作，因為太過勉強自己的緣故，一年內身體生病了四、五次。

雖然別人也勸她「放鬆很重要」，然而她卻認為「我沒辦法敷衍了事」，總之就是個完美主義者。

在她的行動、思考習慣的深處，存在著她的信念。

B小姐在年幼時期因為看見父親忙於工作，疏於照顧家庭，母親因此非常辛苦，所以她希望能幫忙母親，希望能

讓母親開心，總是幫忙做家事，或認真寫功課。

而母親總會稱讚她「妳真的很認真！媽媽覺得好驕傲！」這些經驗讓她有了這樣的信念，「只要我努力做，媽媽就會愛我。」

因此，即使在成年後，B小姐內心還是有個內在小孩，希望「透過努力贏得母親的愛」，所以害怕放手。

我們都希望被愛，因為如果不能實際感覺到愛，我們就活不下去。因此，在年幼時期我們會創造出好幾種信念，相信「如果想被愛，就得這樣做」。這些被愛的交換條件形形色色，例如：如果我認真努力的話、如果我對人好的

當你感到孤獨，試著回想那些無條件愛你的人。

話、如果我和大家和平相處的話、如果我乖的話……。

然而，反過來說，這些信念都會變成「如果我沒有滿足這些條件，就不會被愛」。B小姐因此抱持這種信念，「我必須全力以赴，別人才會愛我。」因此她總是繃緊神經。

當她告訴母親這件事情時，母親大笑，「是這樣嗎？」她驚訝不已。

此時她才瞭解，「原來如此，就算我不努力，媽媽也一樣愛我。」

如果在你的心底有著「不被愛」的恐懼，那麼你只要覺察你「已經被愛著」的部分就可以。

我們都想要被愛的實際感受，才有

Q

無論你是誰，他都愛你原本樣貌的人是誰？

安心。

誰是那個接受你原本樣貌的人？

很多人會想起自己的祖父母、雙親，或學生時代的朋友。

如果你以為別人是因為你的社會地位或工作成就才愛你，試著回憶還沒有這些光環的時候，你應該就會懂得，地位、名譽並不是被愛的絕對條件。

順帶一提，當你從這樣的信念解放後，並不會因此無法再努力。接下來我將說明，你能夠依循自己的本質所湧出的動力展開行動。

A

當我想起童年時期給了我很多愛的祖母，我就感覺心裡暖暖的。

當我和學生時代的朋友一起喝酒，我就會感到永恆的連結。

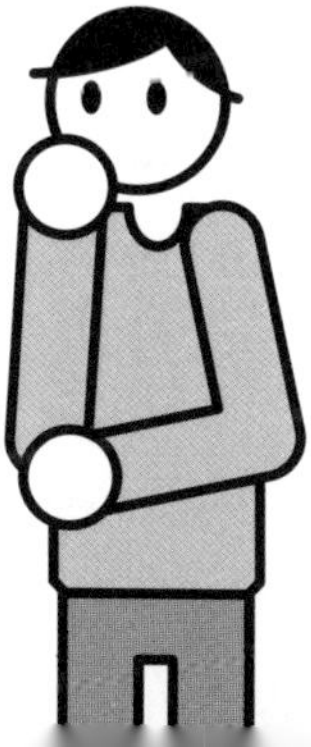

習慣開關 51

不要被他人的評價牽著鼻子走

出人頭地

「我想要感覺自己是有價值的！」

和「我想被愛」一樣，「我是有價值的」也是人類本能追求的情感，人都希望這種感受能不被動搖。

那麼做什麼事才能感覺自己有價值呢？

「錄取好的大學或企業」、「工作有成果」、「出人頭地」、「年收入提高」、「受到顧客稱讚」……這些當然

追隨自己的原則而不是他人的評價，心情就不容易動搖。

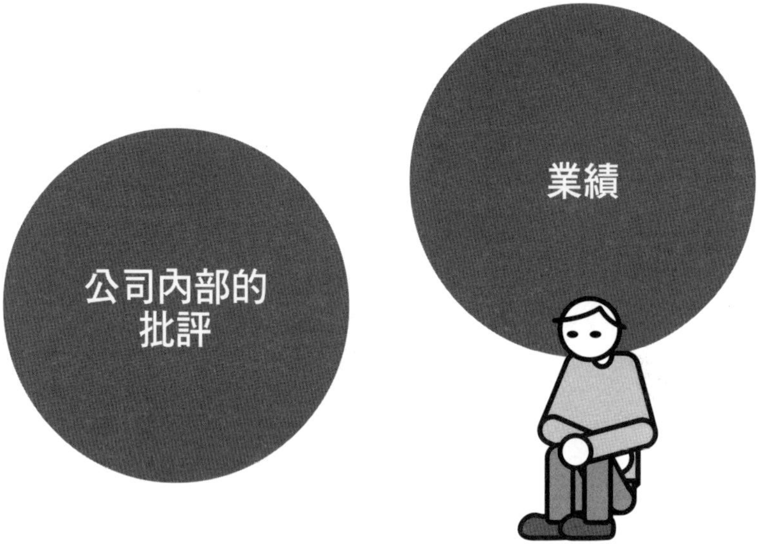

都會讓你感覺自己是有價值的。

然而，自我肯定感如果一〇〇%都取決於工作成果或他人的評價，並不是好事。

當然，每個人對於自己的評價多少會受到他人評價的影響，然而，將自我肯定感的基礎放在他人的評價上，是一件非常辛苦的事。

為什麼呢？因為工作成果和他人的評價有時候起伏不定。

因此，如果用工作的成果或他人的評價來決定自己的價值，一旦這些全部消失，那一瞬間你的自我肯定感會急遽下降。

就我的例子而言，業務員時期的業

績排名、剛擔任講師時客戶在問卷上打的分數，都會動搖我的自我價值。

然而，業績有很大一部分受到公司的客戶分配，也就是說，我的自我肯定感可能會因為公司的決策而產生變化。

此外，在研修課程中，因為我是承諾要讓學員有所轉變，因此就算問卷上的評價不佳，我也必須站在學員的立場說些他們不喜歡聽的話。有時候為了公司著想，我同樣必須針對不討喜的主題進行教育。

如果我的自我評價和學員的問卷評價連動，我將無法做必要且根本的事。

那麼，你該怎麼做才能覺察自我價值，不被他人的評價牽著鼻子走呢？

順從自己的原則和使命，自我肯定感就會提升。

- 自己的成長目標
- 原則
- 使命
- 價值觀

首先，你要覺察，你的存在本身就有價值。

韓國作家金約翰（John Kim）說：「你活到了今天。光是這一點，你就值得讚賞。」所謂肯定自我價值，是接受不妥協、也無可取代的自己。

試著問自己：「如果我在工作上不受肯定，我就沒價值了嗎？」

你的自我價值，早就已經存在，不會受到偶爾變動的成果或他人的評價而有所動搖。

其次，你要將自我肯定感的基礎放在自己的行動目標、價值觀、原則、使命等，以自己為軸心、可以自己控制的事情上，而不是放在別人或工作成果等容易變動的事物之上。

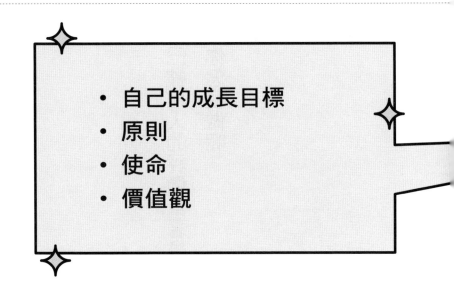

Q

不讓自己被他人的評價牽著鼻子走，你怎麼做呢？

當你確實做好了自己該做的，這份自信能使你肯定自我的價值，成為你自我評價的主軸。

最難受的莫過於當我們怠惰並感到自責時，又受到了他人的指責。此時，我們的自我肯定感將大幅降低。

當你過於在乎他人的評價，就算只有一個人討厭你，你對自己的評價也會大幅下降。在這種時候，自己肯定自己的價值，專注在你自己的評價軸上，是非常重要的一件事。

A

寫下你自成
一格的生活美學
及工作原則。

在公司要求的目標
之外，訂定自己成
長和行動的目標。

習慣開關

52

允許自己可以有做不到的時候

「在一朵花也開不出來的寒冷日子裡，只要不斷向下扎根，終有一天花會盛開。」

這是在二〇〇〇年贏得雪梨奧運金牌馬拉松選手高橋尚子的座右銘。

當我們挑戰新事物時，有時再怎麼努力也得不到結果。此時，如果你能接受「會有看不見成果、得不到正面評價、做不到的時候」，你就能放鬆心情，持續迎向挑戰。

放下那些因為遲遲無法成長而產生的不安。

二〇一六年，我的業績絕佳，然而在此同時，我卻因為過於忙碌而不再享受每一件工作的樂趣，感覺自己心靈的豐富程度下降了。

「成長」、「業績提升」、「受到認同」的感覺雖然愉快，然而那也成為一股「還要更好、還要更多」的壓力，在加速的同時，也勒住了自己的脖子。

「業績創新高」聽起來雖然好聽，然而在商業世界的遊戲規則裡，業績必須不斷成長。事實上，有很多經營者就陷在這種遊戲裡，而痛苦不已。

我當時決定離開這場商業遊戲，做好心理準備，「在單一年度中就算業績下降，變成赤字也沒關係。」我婉拒了和我的願景不一致的工作，也放下了那

Q

當允許自己有做不到的事情之後，你能做些什麼呢？

些不做也無所謂的工作，藉此削減了四〇%的工作量，工作行程表上也挪出了空檔。

在這些時間裡，我學習投資，並將心力專注在沒辦法馬上賺錢但具高價值的企畫案上。說實話，婉拒工作衍生出了喪失未來生意機會的恐懼，以及經濟上的不安。

每當這樣的情緒出現時，我總是告訴自己，「**暫時退步、做不到，是沒關係的**」，並「**放下結果**」。實際上，我因為克服放手的恐懼而獲得了精神上的成長。此外，如同「把手放空，新事物就會進來」的法則一樣，我漸漸接到一些讓我能實現願景的工作。

不向上就會感覺不安，如果這種情緒困擾著你，試著專注於自己的努力，

A

為了將來能夠勝任經營者，我自願接下任務繁重的專案。

為了提升自我修養，我要閱讀古典文學改造內心。

告訴自己人生中總會有看不到成果的時期、或是好評尚未出現的時候，藉此勉勵自己。

不過我想強調的是，這並不是單純流於惰性，向現實妥協，寵壞自己。而是一種信念，讓自己在看不見陽光的辛苦時期，以淡泊的心態持續累積行動。

習慣開關

53

從過去的成功經驗打造有力的信念

信念有負面也有正面。

只要啟動正面信念，就能引爆正向情感，進而付諸行動。

就像我在〈29結果是依行動總量和機率來判斷的〉提到，我認為人生中的成功是機率問題。

也就是說，我的信念是「只要採取行動，就一定能開出一條路」。而依據這樣的信念採取行動並創造出結果，我也有實際的經驗。

找出自己相信的成功法則，讓它成為你的信念。

STEP 1 尋找成功經驗

例如：在擔任業務員的時期，因為我對既有客戶盡心服務，因此很多窗口都介紹工作給我，使我在這十年間得以持續創造穩定的成果。

STEP 2 尋找直接的經驗教訓

例如：只要我盡全力服務眼前的客戶，最後就能創造出新的工作機會。

STEP 3 昇華為人生智慧

例如：只要對眼前的工作竭盡全力，自然能發展下一階段。

實際經驗會更強化這個信念，為我創造出強而有力的感受。

我相信只要增加行動量，在一定的機率上能夠創造出成果，因此對我而言，採取行動並不是苦差事。俗話說，「瞎貓碰到死耗子」、「亂槍打鳥也會中」，如果你有疑惑，唯一的辦法就是馬上採取行動。

這是我的信念，我的勝利模式，也是我創造正向循環的泉源。

不過，正面信念也因一個人的過去經驗而異。

例如，認為「與人邂逅將能改變人生」「人與人之間的緣分創造出工作機會」的人，就會認為轉折點不在於「行

Q

你所相信的成功法則或勝利模式是什麼呢？

動」，而在於「人」。

而相信成果來自於好戰略的人，自然會對於規劃「戰略」充滿熱情。

成功經驗會變成一個人的勝利模式。這正是所謂的正向信念。

什麼是你基於過去的經驗而相信的勝利模式呢？

從成功經驗裡尋找勝利模式，並運用在實現你的理想，或解決問題。

如果你能依照上頁的三個步驟，將經驗具體化，把自己強有力的信念化為言語。在你啟動這樣的信念之後，你的情緒就會高漲，心態也將變得積極。

如此一來，你能夠在現在所做的事上、對周圍的人盡全力付出努力。

只要不放棄，就能
開拓出一條路來。

只要認真面對
眼前的事情，幸運
就會造訪。

即使只是小善，
上天都一定會
看見。

A

此外，如果能用抽象化的信念達成自己的目標或解決問題，你將能找到讓事情順利進行的解決方案。

習慣開關

54

立下座右銘並銘刻於心

如果想要打造正向信念，我建議你可以複誦偉人的名言，將它套用在自己身上，直到它成為你的信念。只要想起這些話，正面的感受就會湧現，讓你加把勁，或讓你有勇氣。以我為例。

「沒有失敗，只有回饋。」

——NLP（Neuro-Linguistic Programming，神經語言學）

在建立新事業時，失敗是附帶品。

以偉人的名言為座右銘，不斷複誦直到它成為自己的信念。

你的內心和直覺
早就知道你想要
什麼樣的人生。

稱為嘗試後除錯，聽起來輕描淡寫，然而實際上的連續赤字卻教人焦頭爛額。此時，我會想起這句話，並說給自己聽。如果你將失敗視之為失敗，就看不見希望。然而，如果你把它視為回饋，就能這樣想，「沒有好或不好，只不過是出現了一個讓我朝著目標前進的線索。」

「你的內心和直覺早就知道你想要什麼樣的人生。」

——史蒂芬．賈伯斯

即使我的工作讓我覺得充實，然而在想創造事業、做出貢獻時，因為有無數選擇，有時我還是會感到迷惘。我常常向外尋求這些問題的答案，然而每當

Q

能將你的內心對話變成正向的名言是什麼？

想起這句話，我就會再次認知到自己與內心的對話不夠。

「人之一生如負重遠行，不可急於求成。」

——德川家康

當我只聚焦於接下來的一年、三年、五年，就容易短視近利。每當我被眼前的利益和成果奪去焦點時，我就會想起這句話。人生一百年才成一個時代。我會將視線向上修，捫心自問，在十年、三十年、五十年後，我想要變成什麼樣的人。

「在一生結束前，我希望將世界打造成比我出生時更美好的世界。」

——富蘭克林・柯維

A

念念不忘，
終會開花結果。

不追求已故之人
遺留下來的事物，
而是去追求
他們所追求的。

我為了什麼工作？我想要對幾萬人產生影響？我想要出幾本書？當我想把人生目標或自己存在的意義化為數值，藉此找答案時，我無法說服自己。而這句話改變了我的觀點。我希望協助許多人過著他們自己的理想人生，即使只是多出一位也好。這是我每天的工作，也是我每個瞬間可以創造出的貢獻。

我會將所有的名言佳句請名家寫成書法掛在辦公室裡，讓自己銘記在心。將這些觸動我心靈的名言與現實相互連結，並反覆與自己對話，就可以昇華為自己的正向信念。

你的本質是什麼？

「我想做什麼事？」
「怎麼樣才像我自己？我的強項是什麼？」
「人生應該怎麼過？」
「對我而言，幸福是什麼？」

你曾經有過這些疑問嗎？**強烈撼動你情感的是你的本質，也就是你所具備的性格特質及欲望。**你每一天的行動和思考都受到本質的影響。俗話說：「因為你喜歡，所以才做得好。」然而做一件事是否能持之以恆，取決於從你的本質衍生出的感受。

想找到自己想做的事，關鍵在於能不能依據內心的羅盤，朝著自己感興趣的方向前進。

我的客戶G先生是一位國小級任老師。當時，他無法忍受每天往返於學校和住家的生活，因此找我個人諮詢，他說：「我感覺不到工作的意義，我想擺脫現在的狀態。」

首先，我請他回顧過去的經驗，追尋自我的欲望。

他第一個找到的，是「表現自我」的欲望。我問他：「你想從事什麼活動來表現自我呢？」他說：「我想唱爵士樂。」於是，我們立刻上網搜尋，發現在距離他住家徒步五分鐘的地方，有一個爵士樂社團。於是他加入了這個爵士樂社團，組了樂團，雖然是業餘樂手，他也舉辦了現場演奏，熱中參與爵士樂的活動。

然而，擔任國小級任教師對他來說仍是一件苦差事，他也想過辭去教職專心投入爵士樂，但因為父母反對，他裹足不前。此時，爵士樂活動為他帶來契機，他遇見一位音樂界的人士，後來也成為他的人生導師，給了他一個線索，「你還是繼續任職於學校比較好，不過你可以考慮轉任音樂專任教師，如何？」

G先生也認同這個建議，他下定決心成為音樂老師。而當他實際開始指導學生之後，「透過音樂突破自我」的學生一個一個出現。他強烈感覺到，這才是他想做的事。他自己透過歌曲鼓舞他人，也透過歌曲讓學生產生自信，相信他們可以改變自己。當自己雀躍的心情和對他人的貢獻有了連結時，他找到自己的使命，也就是「藉由唱歌表達自我，把好的影響帶給許多人」。

現在，他在海外進行現場演唱，同時對於擔任音樂老師指導學生也感覺到強烈的價值和使命感。他因為這樣的雀躍感受而心滿意足，生氣蓬勃，成為了一個受到周圍人士感謝的人物。

每一個人都有與生俱來固有的欲望、資質和使命。在此，我將這三者總稱為「本質」。本質就如同俗話所說的「三歲定終身」，確實是不會改變的。我們不應該勉強改變自己的本質，而是應該接受它，並善用它，這非常重要。因為當我**們從事符合我們本質的事情時，我們可以發揮爆發力，贏得生氣蓬勃的人生。**相反地，如果做著與本質不相符的事，我們的努力終將如烏龜想要追上兔子的速度一樣，徒勞無功。

正向心理學權威尚恩．艾科爾（Shawn Acho）在《哈佛最受歡迎的快樂工作學》（*The Happiness Advantage*）寫道：「一般人都認為追求成功會為人帶來幸福，然而實際上，研究顯示，完全相反的因果關係。也就是說，追求幸福，成功的機率也隨之提升。」

如果這段話裡提到的「幸福」換為「喜歡、可以讓你熱中的事」，變成「追求你喜歡、可以讓你熱中的事，成功的機率也隨之提升」，你更能同意。就我客戶的例子而言也是如此，我可以斷言，**能長時間持續成功的人，毫無疑問地都從事著他在本質（情感、靈魂、使命）上追求的事。**

在本章提到的「本質」相當難懂，也難以定義，希望你可以諒解我在說明的過程中仍有未知的部分。不過我還是以「本質」來寫作本章是有其意義的。我們常常容易忽略沉睡於自我內在的偉大資質和強項，把焦點放在自己以外的答案。我們經常朝著與自己的本質不一致的方向努力，使得事情不如預期而陷入自我嫌棄的情緒裡。

只要找到能讓你產生狂熱、讓你埋首於其中的深刻欲望，或是那些驅動你的使命，出人意表的動力將隨之湧現。那是一股讓你忘掉疲倦、取之不竭的動力。而這股動力的泉源，人人不同，而且是與生俱來固有的。

只要懂得自己的本質，就會知道「怎麼樣才像自己？幸福穴位在哪裡？」為瞭解開這團謎題，我想要將話題擴及九型人格、自我欲求、他者欲望，以及自我超越的欲求等領域來說明。

透過追求本質，我們可以像G先生一樣找到天職的羅盤，將它放回我們的心中。大海海面和海底深處的相貌不同，同樣的道理，我們內心情感的表層和深層呈現出的也是完全不同的樣貌。我將接續說明「根本」的「性質」，希望你能從多方面、多層次理解。

如果這些能成為線索，讓你可以找到自己的人生、生活方式、工作方式或習慣養成的方法，那就太好了。

習慣開關

55

區分「應該做」和「想要做」的事

有一位在化學製造商擔任業務的男性來找我諮詢，他說：「我不知道應不應該繼續現在的工作。」

於是我問他：「你覺得你應該繼續現在的工作嗎？」他回答：「是。」他說了許多他應該繼續現狀的理由，經濟問題、家人的反對、現在身為課長的職責等。

我再問他：「你想繼續現在的工作嗎？」當我使用「你想要……嗎？」的句型來詢問時，必定會聽見靈魂層次的

當你不知道自己真正的想法時，試著分別問問你的「腦」和「心」。

真正答案。他的答案是「不」。如果不需要擔心任何問題的話：「我想要辭掉現在的工作。」

「那麼，當你辭去現在的工作之後，你想做什麼呢？」「我想要成為諮商師。」他說，契機是每當他看見拒學或霸凌的問題時，發現諮商師總是能從心理深層的部分來解決，因此開始感到興趣。

每當「不知道該怎麼做」時，總是以腦袋（理性）為優先，而忽略傾聽內心真正的聲音。

當你認知到「自己真正的想法是希望能辭職，然而考慮到現實，卻認為應該要繼續工作」後，你將能看見自己的下一步。

Q

這是你覺得應該做的事嗎？還是你想做的事呢？

於是，這位男性做了這樣的決定。「我要辭職，並且成為諮商師。只是，我的孩子在七年之後才會從大學畢業，因此這七年間我將繼續現在的工作，藉此獲得安定的收入。」

在做出這樣清楚的決定之後，他開始思考，如果想在七年後成為諮商師，他應該進修什麼課程，從事什麼活動。他開始將焦點放在他從現在開始應該學習的事上，同時發覺，雖然時間不多，但他在週末有多餘的時間可以參加諮商領域的活動。

我只是把「應該做的」和「想要做的」分開問他而已。當他能深刻區分這兩種感觸時，他所煩惱的事就會像冰山融化一樣，使他往下一個課題邁進。

A

我覺得我應該要運動，但我並不是打從心底去做。

我知道我應該要去參加公司的聚餐，但我並不想去。

如同賈伯斯曾說過的，**你的內心和直覺早就知道你想要什麼樣的人生。**

只要你捫心自問：「這是我應該做的事？還是我想做的事？」「這讓我興致盎然，還是興致缺缺？」答案就會清楚浮現。

當這位男性聊到諮商話題時，他的表情、聲調、能量都明顯提高。

請試著用「應該做的」和「想要做的」，來區分自己的感受。

瞭解自己的性格類型

《九型人格中的九種性格》〔提姆．麥克林（Tim Mclean）、高岡良子合著〕

第七型：熱衷型
開朗、友善，熱中於冒險和快樂、令他們雀躍的事情。他們充滿創意，一有想法就會行動。樂觀、喜好自由、適應力好。他們多才多藝，相對地也有難以坐下來、難以專注的傾向。

第八型：挑戰型
強而有力，不易動搖。有自信，有存在感。意志堅強、有話清楚直言。重感情，非常照顧自己親近的人。有控制周圍人、事的傾向。不喜歡軟弱，行事堅韌。

第九型：愛好和平型
個性恬靜悠閒，舒服的感覺對他們十分重要，他們會謀求與周圍的人之間的協調。他們認為人生總是會有路的，容易將事情看得比實際更樂觀。會想要維持對自己來說習慣的做事方法或是步調。

我在擔任習慣養成顧問時，會非常重視看清楚客戶的本質，並且善加活用。例如，能量來自於成就感和能量來自於人情義理的人，在習慣養成的方法上也會大不相同。

因此，我會利用九型人格分類做為瞭解客戶本質的線索。

九型人格雖然充其量只是將人類具代表性的性格類型分為九類，然而其內容極具深度，不但實用，也容易理解。只要瞭解自己的性格類型，就容易掌握

利用九型人格瞭解自己內心深處的「情感結構」。

第一型：追求完美型
責任感強、井然有序、認真。在自己的內心具備崇高的理想與標準，認為事情「應該……」。為了端正事情，讓現實更接近理想，他們努力工作。理性而實際。有正義感，處事公平。

第二型：助人型
友善且親切。認為人生中最重要的事情是人際關係、人與人之間的連結、對人的體貼。比起注意自己，他們更注意他人，會觀察並提供對方所需，加以鼓勵。助人為快樂之本。

第三型：目標達成型
有自信，思考邏輯合理。上進心強，秉持著「只要去做就會成功」的態度。朝著目標辛勤工作，希望給人好印象、獲取高度評價。冷靜，相對敏感，容易受傷。

第四型：追求個性型
敏感，有敏銳的感性。追求美麗且具深度的事物。認為自己是特別的，與他人不同。與人保持距離，感覺難以接近，卻引人注目。容易在內心創造故事和戲劇。

第五型：觀察型
典型的思考型，相當理性。他們會專注學習知識或技術，擁有熟知的領域。與其涉入事物的漩渦之中，他們更喜歡退後一步發揮他們的觀察力，加以分析。有嶄新的想法，喜歡自己思考，做出結論。

第六型：謀求信賴型
認真，追求安定。對於可能形成問題的事情相當敏感。他們追求可信賴的人或想法、方法、組織等，會在信與不信之間猶疑不定。會想要滿足周圍的人對自己的種種期待。

自己的情感結構。

在下列九項欲望當中，哪一項是你強烈追求的呢？

以下是各個類型的根本欲望。

1 追求完美
2 想感覺人與人之間的連結
3 想達成目標
4 想發揮原創性
5 深入思考直到自己能接受為止
6 想感覺安全、安心
7 希望能經常開心
8 希望感覺到自己是強大的
9 希望維持自己的步調

重要的是，九型人格並不是將人類的本質限定為九大類來定義。否則視野

問問你

Q

你會出現什麼類型的行動、思考和感受模式呢？

不但變得狹窄，也會喪失九型人格原本的好處。**只要你能將九型人格視為理解人類心理的世界的一種觀點，並且加以運用，它將成為你瞭解自我本質的最佳線索。**

因此，我們不在這裡做分類測驗。因為我們的目的並不在於潦草地尋求正確答案，而是感受自己內心的情感和欲望類型。如果一味追求正確答案，將會是一團混亂。

只要你去感受，就能在內心覺察到驅動自己的模式和結構。我們的本質不是用思考就能理解的，而是要藉由感受的過程向內心進行確認。

通常一個人同時具有多種類型。不過，可以找找，在這九種類型當中，哪

A

人際關係不好，
幸福感就會
急遽下降。

只要立下目標，
就能燃起幹勁。

一種類型在你心裡發揮特別強烈的作用，創造出你的情感，並左右你的行動。

只要掌握了撼動自身感受的欲望類型，你也能瞭解如何提升幹勁和興致。

習慣開關

57

重視自己能夠熱中專注的事

我超愛昆蟲，過去總是
經常捕集並一直觀察

你的「自我欲求」就是能那些讓你忘記時間流逝、熱切追求、感覺亢奮，並理首其中的活動。

很多不知道自己喜歡什麼的人，都讓自我的欲求持續沉睡，每一天被應該做的事追著跑。

想尋找自我欲求，請你試著回憶小時候讓你感覺雀躍興奮的經驗。在小時候熱中的事裡，藏著自我欲求的種子。因為很多人在小時候，絲毫不在意他人目光，將自己全心投入在自我欲求中。

回憶童年時期的經驗，並找出「自我欲求」的種子。

我超愛足球，可以練上好幾個小時

高田晉一先生是成功資料研究所的經營者，他閱讀了古今中外一千本關於成功學的書籍，並將其中記載的教導內容加以統計、分析，並依照出現頻率的高低排序，寫作出書。

這並不是因為有誰會誇獎他讀了一千本關於成功學的書籍，也不是因為他在寫書時就知道有望出版。他之所以可以持之以恆，是因為自我欲求被點燃，他心中的雀躍感源源不絕。而最後讓曾經是上班族的高田先生實現了夢寐以求、獨立創業的心願，並創立成功資料研究所。

據說，高田先生在童年時期最熱中的遊戲，是名為「信長之野望」的歷史電玩。雖然在遊戲說明書中載明了各

□教導
□奉獻
□擴展
□覺察
□探索未知的世界
□取得平衡
□培養
□控制
□訂立戰略
□表現

戰國武將的戰鬥能力，但他並未感到滿足，因此他自己分析資料並製作原創說明書，他說那是他最快樂的時光。

可以看得出，高田先生現在從事的工作內容和他在童年時期熱中投入的自我欲求是有所關聯的。

高田先生埋首於其中的，是「徹底蒐集資訊並分析，直到自己可以完全接受為止」，就自我欲求的關鍵字而言，就是「蒐集資訊」、「知道」、「分析」、「釐清」、「把結論化繁為簡」。一件事在獲得高度評價之前，都需要一定程度看不見天日的努力。

就高田先生的例子而言，閱讀大量書籍並統計分析，這項作業從一般人看

以過去熱中的事物為線索，從下表找出你的自我欲求。

自我欲求一覽表

- □冒險
- □刺激
- □創造
- □想像
- □指導
- □尋求
- □影響
- □努力
- □追究
- □設計
- □整理
- □蒐集
- □貢獻
- □給予
- □照顧
- □安定
- □觀察
- □說服
- □賦予勇氣
- □賦予動機

來是件不得了的苦差事。然而他並不覺得這是辛苦努力的，反而覺得雀躍。這是因為讓他感覺充實的是過程本身，而不是成果。

這才是自我欲求，為你帶來取之不盡用之不竭的動力。

自我欲求存在於每個人的內在，它並不特別。

自我欲求存在於自己的深層本質，是每個人都各自獨有的特質。

你的內在也有許多自我欲求正沉睡著，當欲求被換醒時，你將忘記時間的流逝，埋首於其中，從過程而不是結果得到亢奮的感受。

當你在尋找自己的天職和想做的事情時，將自我欲求置於中心位置是非常

問問你

Q

為你帶來狂熱、熱中、埋首於其中的自我欲求關鍵字是什麼？

重要的。因為能讓你即使面對龐大的工程，都能視為樂趣，埋首其中。

也就是說，當你點燃了自我欲求，自然就能熱中，產生無窮盡的動力，採取行動並創造結果，同時受到周圍人士的認同。

請你試著想起年幼時期熱中的十個經驗，可以與自我欲求一覽表中的哪個關鍵字連結。

接著試著思考，從你的自我欲求為出發點，可以在工作和日常活動中進行什麼活動。

A

「覺察」
「系統化」
「簡明易懂地傳達」

「遇見未知的世界」
「發揮原創性」

習慣開關

58

接受自己也需要別人認同

容易和自我欲求混淆的，是「他者欲求」。

這是藉由與他人連結所獲得的一種「想被珍惜」、「想被尊重」、「想被誇獎」、「想被認同」、「想被依賴」的欲求。

他者欲求是從與他人的關係（主要是對方的話語或反應）獲得滿足的欲求，又稱為「人際關係欲求」。

別人對你說什麼話會讓你開心呢？試著找到你的「他者欲求」。

我們之所以會有他者欲求，就人類是群居動物，可說是相當自然的。人在生活中隸屬於家庭、學校、公司、社區等好幾個團體，而他者欲求是一種創造出與他人之間關係引力的欲求。

上圖中的哪一種他者欲求與你相符呢？「想被認同」、「想被稱讚很棒」、「想被珍惜」、「希望被需要」，這些他者欲求因人而異。

他者欲求和食慾、睡眠等生理的欲望相似，在不足時會感覺當下「迫切需要」，但只要被滿足了，你就會感覺平靜，這是一種會定期湧現的欲望。

然而，**如果以他者欲求為基礎行動，有時會讓你無法享受活動的過程。**

因為來自他人的評價和反應，並不

□被人疼愛

□受人感謝

□被人重視

□分享

□被傾聽

□被照顧

是你所從事的活動本身，充其量只是報酬而已。

不過，他者欲求相當重要。

我自己也是一樣，如果課程中有學員回饋「受益良多」就會感覺到滿足、充實感，慶幸自己開設了課程。

即便如此，我還是認為自己想做的事應該要從自我欲求踏出第一步。如果以他者欲求為軸心，事情做完後沒聽見「謝謝」有時將令你感到灰心、疲憊。能為我們創造出無限動力的，終究還是自我欲求。

我的寫作動力是源自於「充滿靈感」、「覺察」、「系統化整理」、「想化為文字」等等自我欲求。在書寫過程中，我會愈來愈覺得心情飛揚。

以聽了會開心的話語為線索，從下表中找出你的「他者欲求」。

他者欲求一覽表

- □受人認同
- □受人稱讚
- □被人認識
- □被人需要
- □受人喜歡
- □希望受到特別待遇
- □被守護
- □被愛
- □被療癒
- □受人尊敬
- □被當作是自己人

在一本書出版後，如果有人對我說「內容讀起來真好懂」、「這本書改變了我的人生」……我的他者欲求就會獲滿足。

只不過，我是從自我欲求開始起步，他人的「謝謝」是隨之而來的，我的寫作並不是為了求得他人的「謝謝」而開始的。

如果順序弄錯了，當你的動力無法帶來結果或得到他人的回饋，你將撐不過這個階段。

但他者欲求必須定期得到滿足。

心靈的需求也像生理需求一樣會枯竭，需要補充。

聽見別人對你說什麼話，會讓你

Q

別人對你說什麼會讓你覺得開心呢？
哪些欲求沒有得到滿足呢？

覺得精神一振呢？「謝謝」、「你很棒」、「這就像是你的作風」、「還好有你在」等，當你明確知道自己希望從他人獲得的欲求後，就能知道自己的心情會被什麼左右。

請善用職場、同事或家庭關係來滿足你的需求。

A

只要聽見有人說
「真不愧是你耶！」
我的心裡就會有強
烈的滿足感。

我想要經常在
職場和家庭中
感覺被需要。

習慣開關

59

找到自己的使命

我要加油，完成
自己的使命！
自我超越的
欲求達到
最大值！

美國心理學家亞伯拉罕・馬斯洛（Abraham Harold Maslow）的人類需求五層次理論雖然著名，卻很少人知道在這之上還有一個稱為「**超自我實現需求**」的層次。

所謂的超自我實現需求，指的是「**想為某人、為社會貢獻**」，也就是使命。說到使命，或許讓人感覺像是什麼偉大的人似地，其實並非如此。

我自己在剛剛獨立創業的十三年前完全沒有使命感，或者說，當我聽到貢

只要找到「為人、為社會貢獻的使命」，就會獲得無窮的精力。

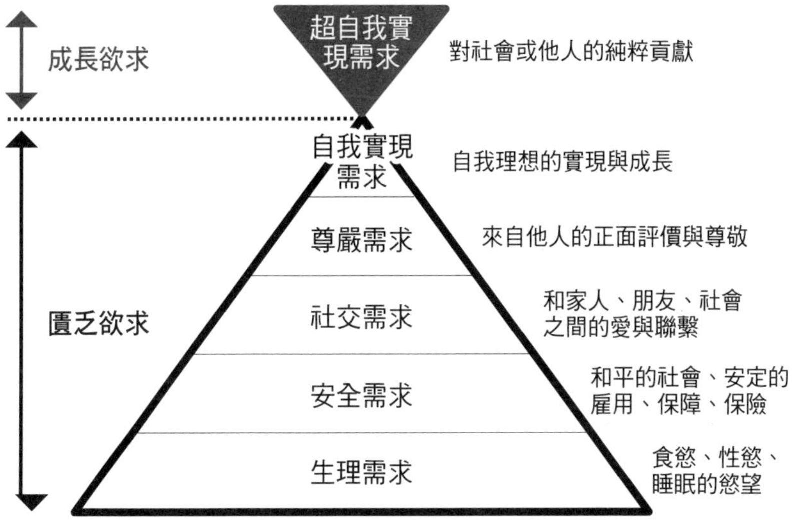

獻這個詞，只感覺到偽善而已。現在想起來那也是理所當然，當時的我，安全欲求、社交需求、尊嚴需求都沒得到滿足，即使傾聽自己內心的聲音，也接收不到超自我實現需求發出的微弱聲音。

當我的企業上了軌道，比我上班時賺得更多，也確保擁有自由時間後，超自我實現的需求浮上我的腦海，我透過習慣養成改變了我的人生，我希望與人分享我的感動。

有一個農家的蔬菜聽說味道吃起來與其他農家不同，這傳說中的農家主人說：「我在種菜時，一邊祈求著吃的人要健康與幸福。」

有一位在小學教導創意的老師說：「我希望孩子可以開心地學會思考的能

Q 你的使命在哪裡呢？

力。」

也有在銀行工作的社會菁英，因為「想要幫助貧窮國家的人民」，所以將人生的船舵轉向海外的救援活動。

我的朋友擔任企業內部教育的講師，他說：「希望能在組織內部找到身為講師的自我定位和發揮所長的空間」，並以此為他的活動主軸。

雖然類似的活動隨處可見，然而根本的使命卻是他獨有的。而會與這個使命產生共鳴。

研究指出，**金錢雖然能夠提升幸福感，卻只限於某個程度，無法成為更上一層的強烈動機。**

「想賺更多錢」雖然可能短暫成為做事的動機，然而總有一天，你將需

A

我想改變孩童的教育，我想為社區做出貢獻。

我希望能創造一個讓女性更加自由活躍的社會。

我想療癒那些在不幸家庭中成長的孩子。

要比賺錢更強烈的，能挑起你做事興致的「欲求」。「想受人稱讚，所以去做……」「想追求自我成長，所以去實現……」，這些需求一旦都獲得滿足後，你將會走到超自我實現需求的層次。

欲求雖然也分層次，然而當你的人生可以用來追求超自我實現的需求時，你的行動將獲得無窮的動力，那將成為一段豐富的人生。請試著在日常活動中尋求你的超自我實現需求。

第 4 章

環境的習慣

讓一成不變的自己獲得成長

有意識選擇能誘發興致的環境

俗話說：「近朱者赤。」

引用辭典的解釋，意思是「人會因為相處的對象和環境變好，也會變壞」。

我因為工作的關係，經常受邀為貿易公司、廣告代理商、製造商等新進員工教育訓練，以及一年後的教育訓練。在這些課程中遇見的新進員工因為在企業文化裡，只要過一年，他們的說話方式、思考方式、行為舉止都會帶上這家企業和所屬職種的色彩，每個人所散發出的光芒也會和剛進公司時大不相同。因為他們每一天都和前輩、上司一起工作，在聚餐時深入對談，於是在過程中近朱者赤。

人與人在一起，會受到彼此的行動、思考、情感習慣的影響。而自己所處的環境也可以稱為一種習慣，因為置身的環境也是一種反覆出現的模式。環境會為你的行動、思考、感受帶來強烈的影響。反過來說，我們可以藉由改變環境，來改變自己，還有人生。

為什麼我們想改變自己，卻無法改變呢？

原因是因為我們的深層心理（無意識）有一股引力在作用，希望事情能一如往常。

無意識因為以生存為最優先考量，因此會想守護「安全、安心和安定」。

也因為如此所以總是抗拒新的變化，想要維持現狀。

我認為，**人類的心理有「安全領域（現狀領域）」和「風險領域（變化領域）」**。

所謂的安全領域，是我們的無意識所希望安全、安心、安定、不變的世界。

例如，「在能力範圍內完成可以做到的工作」、「重複一如往常的行為模式」、「和知道彼此脾氣的朋友在一起」。

這樣的世界雖然非常舒服，卻使我們無法成長，感到無聊。

另一方面，所謂的風險領域，是未知的世界。

例如，「做自己還沒做過的事」、「挑戰一件即使發揮自己的最大能力，也不確定能不能順利完成的事」等。

要進入這個領域，一定會伴隨失敗的風險、恐懼和不安。這個領域雖然非常不舒服，卻會帶來變化和成長。

想持續成長，就要反抗維持現狀的引力，帶著意志力和勇氣踏入「變化領域」。

想從「停滯結構」轉換成「成長結構」，如何進入「變化領域」是重要關鍵。

而最重要的，是來自環境的刺激。

秉持高度意識且抱持著目標過生活的人，一旦遇上那些做著自己喜歡的事過日子的人，就會受到刺激「不能得過且過」、「我想讓自己更滿意」。

經常聽人說：「如果想要改變自己，就要改變在一起的朋友和環境。」就我實際的教練經驗來看，我也相當認同。

我們受到周圍朋友和環境的強烈影響，成為現在的自己。

而當你想讓自己更成長時，和與自己冀望著相同的未來和成長方向的人群在一起，是非常有效的手段。

當你和理想中的人，你的心志也會愈形高漲。

第4章，說明該如何創造改變自我的環境。

現狀領域和變化領域

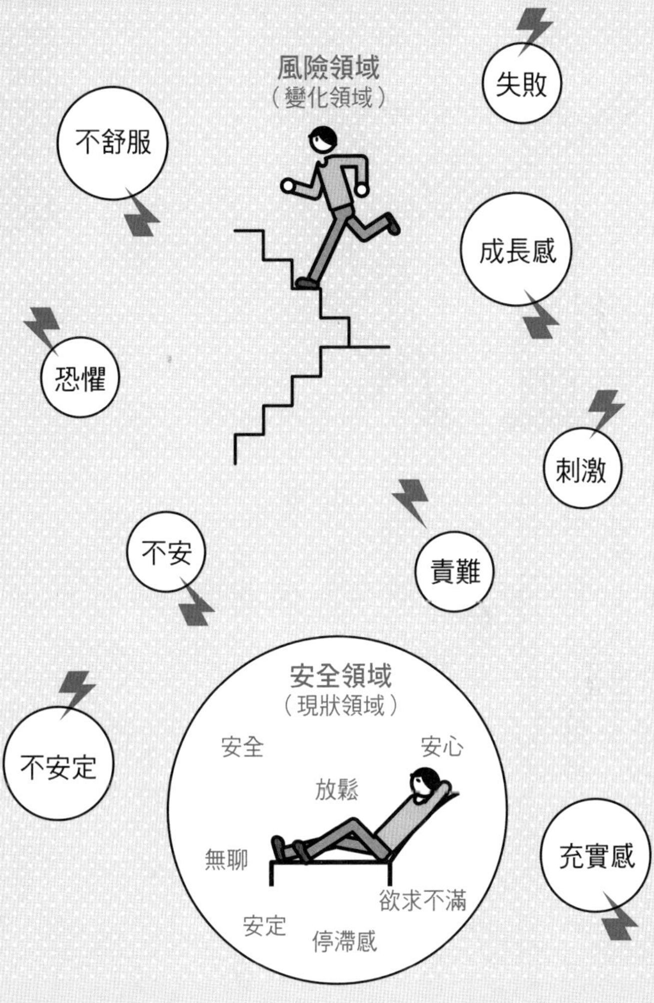
風險領域
（變化領域）
失敗
不舒服
成長感
恐懼
刺激
不安
責難
安全領域
（現狀領域）
安全
安心
放鬆
無聊
欲求不滿
安定
停滯感
不安定
充實感

習慣開關

60

試著改變環境

讓你舒服的人際關係，會讓你感覺安心、安全。和不需要客套的朋友在一起，會豐富你的人生。

另一方面，如果你有新夢想和目標，和已經實現同樣夢想、目標的人，或抱持著同樣的熱情朝著夢想、目標前進的人在一起，呼吸著相同的空氣，接受刺激，也很重要。

光寫在紙上的夢想和目標，是沒有真實感的。唯有進入新世界、與人相

遇上過著理想生活的人，就會看見自己的目標和課題。

遇、傾聽、感受，才能獲得臨場感。

在我想離開前公司，向上司、前輩、同事告知我要獨立創業時，他們說：「你既沒有技術、人脈，也沒有計畫，太莽撞了。」「這世界沒那麼好混，讓你可以做喜歡的事過日子。」「二十八歲才開始做夢，已經太遲了。」確實，當時我二十八歲，進修教練領域才九個月，客戶只有一名，收入兩萬日圓，在這樣的條件下啟航，非常魯莽。

同一時期，我也定期參加個人企業主和創業家所聚集的讀書會。當我在這裡說出同樣的話，得到的回應卻是：「拚命做一定會有成果的！加油！」

Q

你要如何連接上可以改變你的環境呢？

「不是自己喜歡的事，就不會持續，也不會成功！」而當我說到同事對我說「二十八歲才開始做夢，已經太遲了」時，有個人告訴我：「我五十二歲才獨立創業的呢！」

社群不同，聚集的成員也不同。這些人的行動和思考模式和我在日常生活中接觸的人完全相異，對同一件事的解釋竟有如此不同，讓我訝異。

這樣的差異並沒有誰好、誰壞。

每個社群都有各自獨有的「常識」，當價值觀不同時，一切都會不一樣。當你浸淫在這些團體的行動、思考和價值觀時，所謂近朱者赤，你自然就會染上他們的色彩。

試著加入已經獨立創業者的社群。

A

到擁有高度意識的人所聚集的商學院進修。

我們的行動、思考、情感、信念，是透過與他者的互動，經由相互作用而形成的。

個人和團體都一樣，都會想安住在習慣、熟悉的行動、思考模式裡，感覺安心、安全、安定。

人會強烈否定可能瓦解這些模式的想法。當人相信天動說時，就會否定地動說，認定它是瓦解安定的危險思想。

如果希望自己更上一層樓，希望人生有大幅改變，你可以到會推動你的環境，和已經用這樣的方式生活的人交往，你將受到極大的激勵。

習慣開關
61

找個讓自己憧憬、可以做為模範的人

在「我的人生改變了」的轉捩點上，你一定會與誰邂逅。其中，**與你所憧憬的人或成為你模範的人相遇，將會帶來特別大的影響。**

我十九歲時，在某個電視節目中看到經營顧問大前研一先生一針見血的談話姿態，受到了相當大的衝擊。邏輯思考、獨到的創意、豐富的語言表達能力、簡潔有力的簡報，這一切都讓我感受到他的魅力。後來，我二十三歲

只要有一個讓我憧憬的人物，我就會為了要追上他而一直努力。

時進入大前研一先生的進擊者商學院（Attackers Business School），二十七歲時接受了問題解決能力的專案訓練課程。他的著作我讀過五十本以上，演講也聽過好幾次。

我持續「一年選擇一個深入研究的主題，並寫一本書」的工作，每次我都決定一個新主題，並創造新手法。這也是模仿大前研一的態度。七十六歲的他直到現在都不失追求新知的好奇心，持續解決新時代的經濟和企業問題，並經常出版新書。雖然他和我的領域完全不同，但身為一名創意家、工作人士，他是影響我最多的人。

順帶一提，大前研一在日本衛星電視開設名為《商學院．學前輔導班》的節目，以及稱為「實用商業英語講座」

Q

能讓你超越自我界線、成為你「憧憬、模範」的人，是誰？

（Practical English for Global Leaders，PEGL）的大前式英語講座課程，我用兩個小時就將這些內容化為「習慣養成」的課程內容，可以想像我浸淫在大前研一的世界到無可自拔的地步。

回首過去，谷口貴彥在教練領域、山崎啟支在神經語言學領域，而傑森・德基（Jason Durkee）則是在研修課程的講授領域給予我非常大的影響。

當你走投無路時，只要想起自己尊為師長、視為目標的人所說的話，那將成為一個契機，讓你能突破。

只要你希望「持續成長」、「突破自己小小的蛋殼」，望著比自己更偉大的存在，你就會覺得自己可以再加把勁。

能不能找到讓你傾心不已的人物，

A

我想要像 N 部長一樣，受到部屬的仰賴，並受到上司、顧客的信賴。

我想要像鈴木一朗一樣腳踏實地努力，貫徹追求最佳表現的態度！

經常取決於偶然的邂逅。然而當你找到後，那將成為一股動力，使你想要追趕上他，即使只是多接近一點也好。順帶一提，我們不太可能找到一個人的每一個層面都可以成為我們的模範。比較實際的做法，是在技術面、能力面、心靈層面都選擇一個不一樣的人做為目標。我自己也是這麼做的。

和這樣的人相遇，將成為改變人生的契機。

還找不到你所憧憬的人物，請專注在尋找的行動上。如果找到了，這些人將成為你非常好的模範，也會成為你真實的成長目標。

習慣開關

62

與自己頻率相合的人共度時光

在人際關係裡，頻率契合與否是非常重要的。

請試著回想你小學、中學、高中的班級，當班上有多達三十名的同學時，自然就會形成一個個的小團體，不需要由誰來決定。而且不可思議的是會自然分為調皮型、風雲人物型型、運動型、藝文型的小團體，有的讓你待起來舒服，有的則格格不入。

我在班上風雲人物型的團體裡待起來不舒服，運動型團體總是抱持激昂鬥

試著置身在不同的社群裡，你將能找到自己的容身之處。

志的氛圍也和我的頻率不合，不過我也並不是因此就待在最不起眼的團體裡。說起來我本來就討厭和一大群人在一起，那時候總是喜歡和兩個好朋友在一起，三個人信步而行。

我並不屬於會發起的類型，不過也不至於會不合群。不曉得為什麼，這樣的定位讓我在團體裡待起來挺舒服的。

以頻率來選擇人際關係是相當自然的事。如果感覺格格不入，卻就利益得失的考量來選擇人際關係，到頭來交情都不長久。

男女感情或許也是同樣的道理，簡言之就是「個性合不合得來」的問題。

適不適合自己的頻率，有時候藉由進入該團體中就可以知道。

我在獨立創業時，除了教練之外，

問問你

Q

和你頻率相合的是哪些人？和你頻率不合的，又是哪些人？

也拓展了其他選項，如諮商、顧問和其他需要資格考試證明的高度專業職種，並參加相關社群和讀書會。

為了弄清楚自己想做的事，我試著加入各種團體。其中，當我和教練專業的團體在一起時，頻率不可思議地相互契合，讓我感覺最像我自己。

同樣地，在學空手道前，我也試過太極拳、柔道、合氣道，而和我頻率最契合的，是一起學空手道的成員。

和頻率相互契合的朋友在一起，會感覺本質的部分非常吻合，但不一定都會讓你覺得舒服。

讓你覺得舒服的情形多半是發生在彼此程度相當的情況下，而為了追求成長，如同〈60試著改變環境〉提到的，

A

我和現在所參加的讀書會的成員，不曉得為什麼很有共鳴。

創業研討會裡盡是貪得無厭的人，和我合不來。

與著眼點比自己更高的人交往是非常重要的。在本節中所說的「頻率」，你若能以「感覺到彼此屬於同一族群的徵兆」理解，就不至於與〈60〉混淆了。

蒲公英、向日葵、玫瑰、櫻花，種類不同，它們所開出的花，決定了它們本質之間的差別。

提升自己覺察機會的敏感度

所謂「吸引力法則」，是指我們心裡強烈祈求的事情化為真實，同樣的概念還有瑞士心理學家卡爾・榮格（Carl Gustav Jung）所提出的共時性（Synchronicity）。這是指我們心裡所感受到的或期盼的願望，彷彿是原本就帶有它們的意義似地，和偶然間發生的事情產生連結，為我們帶來覺察、邂逅、線索等。

榮格認為，即使是當下個別發生的事，在較深的層次裡，彼此都有連結，

改變人生的轉機，會像流星一般。請你抱持開放的心態等待。

互相連動，共時性並非單純的偶然，而是規則、法則的產物。

我的人生中，依著吸引力法則和共時性所發生的事情如下。

二〇〇六年，我猶豫著要不要辭掉當時服務的公司。我隨意翻看報紙《日本經濟新聞》，一句寫著「不受雇於人的人生」，招募創業家的廣告詞躍入眼簾，我在內心深處感覺共鳴，「對！我就是想要一個不受雇於人的人生」。我心裡覺得亢奮，馬上參加在東京水道橋地區舉行的創業家活動，並得知有許多方法可以達成「不受雇於人的人生」，因此下定決心獨立創業。事實上在這個時間點，我都還沒有決定要做什麼。

決定獨立創業的當天，我聯絡學

Q

你遇過什麼共時性呢？你接收到什麼徵兆，採取了什麼行動呢？

生時代的一個朋友，問他要不要一起創業。這明明是個重大的決定，他卻非常乾脆地說：「嗯！我們來做吧！」非常不可思議的是，這時的他也感覺在任職的公司裡陷入僵局，獨立創業的念頭經常浮現在他的腦海裡。從這個時候開始，我們兩個每天晚上都在平價餐廳裡研究創業想法，這個朋友勸我：「古川先生，你應該很適合走教練這一條路喔！」我馬上研讀教練的書，並得到共鳴，「這就是我想追求的！」於是我進入了教練學校，成為一個專業教練，並成功創業。在這之後也發生了許多共時性的事件，讓我一步一步最終抵達了習慣養成教練的目的。

人生，是從不可思議的偶然事件發

A

從事志工活動時，
成員偶然間的
介紹，讓我認識了
我的妻子。

我從偶然間讀到的
一本書獲得啟示，
決定要成為一名
工程師。

展出來的。改變人生的暗示、徵兆、與人之間的邂逅其實非常多，然而這些只有強烈祈求的人才看得見，就像流星一樣，只有仰望天空的人才能發覺。這不是用理性，而是用感性來覺察的。

與這些共時性邂逅之時，你的內心會發出「喔！」的暗號給你，在這種時刻，你應該毫不猶豫地接收，並試著去做、試著去那些地方，或試著去見那些人。你的命運將會從一個小小的行動開始變動。

等待最佳時機

就是現在！

在衝浪時，趴在衝浪板上用兩隻手划水前進，稱為「徒手滑行」（Paddling）。

當浪尚未出現時，勉強衝浪是沒有意義的。因此，衝浪者會徒手滑行，滑向浪可能出現的地方，像烏龜一樣在衝浪板上徒手滑行，等待能夠帶起自己的浪潮出現。

我們會說「時機成熟」、「好運臨頭」，每件事情都有它成就的時機。如

做好準備，在最恰當的時機降臨時，迅速採取行動！

果你也能試著將人生想成是等待轉變的時機來臨，視野就會變得遼闊。

在我所主導的「習慣養成學校」中，前來上課的人都希望能改變人生。這六年來持續授課，讓我充分領悟，當**你想要將人生的方向大幅轉向時，一些非常的事件將會是契機。**

所謂非常的事件，例如：忽然遭到降職、失戀或公司經營者換手，公司的經營方針隨之改變等。這些非常事件使得現狀失衡，而人們為了重新站起來，會決定將人生的方向轉往新方向。

人類的深層心理喜歡「安全、安心、安定」，因此如果心裡的不滿還在可以忍受的程度，便無法將人生的舵盤

Q

在過去的人生中，改變的時機是如何出現的呢？你用什麼心態等待著下一個行動呢？

轉向。而如果遇上先前提到的不幸或不走運的事情時，就某種意義而言，就是機會降臨了。

有一位職業女性在遭到降職後，第一次認真思考自己的人生，並開始自我改造。也有人在四十五歲時從專職的研究人員轉職成為獸醫，他是在晉升管理職之際感覺失去工作的意義，在思考自己的職涯之後所做出的決斷。另外，有一位先生原本在印刷公司擔任業務，過著優渥的生活，然而在女友點頭答應他的求婚後，他開始猶豫，「我就這樣一輩子待在大阪做業務好嗎？」思考未來漫長的人生，他決定做他一直想做的事，成為一名農夫。

我也是在任用部門首長遭人事異

A

當公司陷入經營困境時，我開始讀書準備認證考試，而這樣的努力獲得了肯定，使我得以進入經營企畫部門。

在公司實行經營統合之際，我開始對工作感到疑惑，於是開始參加研討課程。

動之際，開啟了認真思考自己職涯的開關。如果你再怎麼努力都得不到結果，或許或憑著一己之力卻改變不了什麼，或許這並不是對的時機。然而你一定要謹記，「如果在這個時候放棄，一切就結束了」。你應該要持續徒手划水，保持堅強的韌性等待大浪的到來。

為此，你必須秉持開放的心態，積極地觀察、接收機會、徵兆和時機。

習慣開關

65

獲取最佳反饋意見

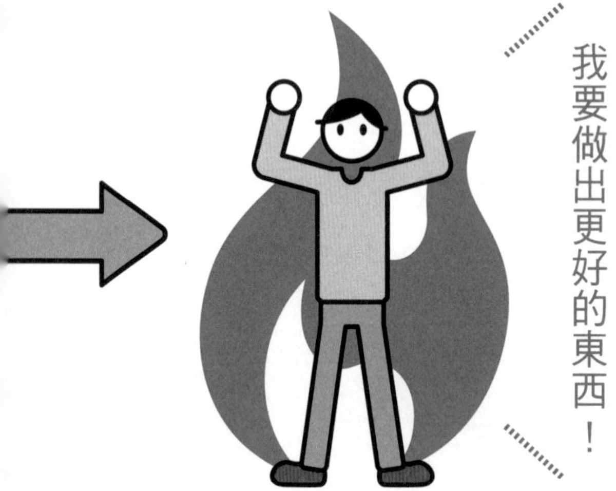

沒有反饋，我們就不會成長。

沒有反饋的情況就恰似「在黑暗中練習打高爾夫球」。在黑暗中擊球，你不會知道球飛到哪裡、飛了多遠，於是便無從修正軌道。

就打高爾夫球來說，需要接受反饋意見的，是關於自己的揮桿、身體的運用方式。因為我們沒辦法靠自己確認自己的姿勢。

在變化和成長的過程中，透過旁人

負面意見和評價是成長的良機。把這些當作你的養分！

完全不行！

沒有用！

指導和反應來修正軌道是不可或缺的。

很多的反饋意見令人刺耳，有些也可能來自長輩，為了激勵你而大聲斥責，因此我們可能會盡量避免面對。然而，**在追求自己的夢想和目標時，和前人的智慧、教導同樣必要的，是來自他人的反饋意見。**

接下來說明兩個我自己的例子。

有一個人對我說：「你所做的研修課程講師的工作，不過就是重複教導學員同樣的內容，完全沒有知性上的成長。」我感覺強烈受到侮辱，我也感覺到激烈的怒氣。

然而對每天都重複教導同樣內容的我來說，卻因此覺察到應該要花更多時間在自己的創作活動上才行，因此決定

Q 你會詢問誰的回饋意見呢？

要重新審視我的行動。聽到前述意見，我不禁想，或許我在安定中完全沒有察覺問題，就這樣一直做著研修課程的講師。雖然那樣的反饋意見讓我一肚子氣，卻也是一個大大的轉機，讓我思考「或許真是如此」、「那麼我應該要怎麼辦才好呢？」

另外一個例子是負面的書評。

針對我的處女作《「持之以恆」的習慣》，有一個書評這樣評論：「本書的方法雖然能持續做上三個月，但我不認為可以持續三年。」當我虛心接受這個反饋意見後便察覺到，「確實，持續三個月和持續三年的行動結構是不一樣的」，這使我擴大了我的顧問領域。這是接納反饋意見所帶來的結果，直到現

A

坦率地向自己視為模範的人詢問自己的強項和問題。

為了讓家更好，向妻子詢問她希望自己改變什麼。

在我都還深深感謝這個書評。

我們必須積極獲取得到反饋意見的機會，並將這些意見轉換成修正自己行動軌道的能量。當我們成為公司的中階主管之後，指出我們錯誤的人將愈來愈少。如同前日本職業摔角選手安東尼奧．豬木在灌注鬥志之後所揮出的巴掌一樣，像這樣讓人清醒的一擊，將成為改變你的關鍵。

後序

五則金句，勉勵你任何好習慣都能養成

本書以「習慣養成大全」為題來書寫，核心的概念是「巧妙誘發自己興致的習慣」。

要怎麼做，才能讓自己提起興致來行動？（行動的習慣）
採取什麼思考方式和掌握事情的方法，才能誘發自己的興致？（思考的習慣）
可以提升你的興致的信念或欲求是什麼？（感受的習慣）
能夠誘發你興致的環境在哪裡？（環境的習慣）

如同本書所傳達的，習慣的養成在人生中占有非常大的意義。古今中外都有非常多關於習慣的格言，或許就代表了這件事。

我來試著以五則名言、故事來解讀習慣養成的本質。

「人生是由習慣編織而成的。」

出自瑞士哲學家安里·佛烈迪克·阿米埃爾（Henri Frederic Amiel）。

「無意識反覆的模式（等於習慣）」，如果這樣定義，我們的人生如同以「行動的習慣」、「思考的習慣」、「感受的習慣」、「環境的習慣」等種種次元的習慣相互影響、交織而成的產物。

關於習慣的深層結構，序章中用我的方法詮釋。

「習慣造就了人。優秀的結果並非來自於一時的行動，而是源自於習慣。」

這是古希臘哲學家亞里斯多德的名言。

關於行動習慣的本質，我想沒有比這句話表達地更清楚的了。

每讀一次，這句話就告訴我習慣會帶來偉大的結果。事業經營、運動、讀書和人，都是習慣的產物。優秀的結果源自於持續的行動。這是第1章〈行動的習慣〉的核心主題。

「持續，就是力量。」

這是我們平常就喜歡掛在嘴邊的俗語。這句話裡的「持續」，有兩種意思。

一是指持續進行特定的行動。假設我們養成習慣每天讀書一個小時，如果五天可以讀完一本書，一年可以讀完七十三本，三年約可讀完兩百二十本。透過持續閱讀，可以增加知識、拓展視野，也可以琢磨思考能力。

另一個意思是，持續迎向挑戰。新的挑戰總是伴隨著失敗。我想，誰都有過失敗被人斥責、覺得丟臉、吃盡苦頭或感覺挫折的經驗。

此時，你是振奮精神再向前邁進，還是放棄？不同的做法將使你從此走上不同的命運。在持續迎向挑戰時，重要的是你能不能以正向的思考和掌握事情的方式，來面對眼前的情況。

第2章將焦點放在思考的習慣上，理由正是因為「持續」是「行動的技術」，不僅如此，依照我們對於事情的思考和掌握方式的不同，之後的發展也會隨之不同。

「喜歡的事情才做得好。」

依據辭典的解釋，這句話的意思是「任何人在做喜歡的事情時都會非常努力，會進行相關的進修，會下工夫，因此自然能夠愈來愈進步。」

二〇一九年三月，旅美日籍職棒選手鈴木一朗在引退記者會上被問到「有沒有什麼話想對兒童說的？」他這樣回答。

「只要找到你可以熱中、著迷的事物，你就能將能量投注其中，我希望你們可以盡早找到這樣的事。

只要找到了，我想你就可以想辦法面對阻擋在你面前的高牆。如果你找不到的話，只要問題一出現，你就會放棄了。比起找到適合自己的事情，我更希望你們可以找到自己喜歡的事。」

這裡所說的「喜歡」，不只單純地指讓你「樂在其中」的事，可以說是讓你狂熱、入迷、埋首其中的事物。喜歡的事情，就能持之以恆。如果一件事情能讓你抱持使命感和熱情，即使多少有困難，你還是會繼續。

「想繼續」、「想挑戰」的想法是來自於你的感受，因此第3章，將焦點放在感受的習慣上。

「近朱者赤。」

人和人在一起，會受到彼此行動、思考、感受的習慣影響。而自己所處的環境，也是一種習慣。因為置身於何種環境，也是一種反覆出現的模式。

環境會強烈影響你的行動、思考、感受；反過來說，透過改變環境，我們就能改變人生。

第4章，說明了要如何打造改變自己的環境，做為環境的習慣。

這些是我以五句格言探討了習慣養成的本質。

本書不是一本供人閱讀，而是一本供人實踐的書。

針對你的問題，如「無法持續」、「拖延」、「無法擺脫負面思考」、「找不到想做的事」、「我想要如同蛻了一層皮一樣地成長」等，請試著設定主題，在每天實踐。

如果擁有許多開啟你興致的開關，你可以嘗試不同的方法來達到習慣的養成。即使是微妙的差異，只要適合你本人，就會帶來大大的不同。正因為如此，我才會如此重視數量，在本書中預備了六十五個方法。

你只要善加利用適合你的方法就可以。

本書以習慣養成的具體方法為中心，或許在理論上會有比較不好掌握的部分。

最後，我相信習慣的養成可以改變人生。
我希望你的人生能夠透過習慣的養成朝著理想的方向邁進。
感謝你讀完本書。

參考資料

免費追蹤優惠（習慣養成顧問 http://syuukanka.com）

本書針對行動習慣、思考習慣、感受習慣介紹了許多方法，如果你想要針對個別的方法做更深入的理解，請參考下述拙作。

〈行動的習慣〉

《改變人生的持續術》商周出版／二〇一一年
《如何從習慣耍廢，到凡事事半功倍？》光現出版／二〇一六年
《為什麼我們總是起不了床？》風和文創出版／二〇一八年

〈思考的習慣〉

《煩惱都是自己想出來的》天下文化出版／二〇一三年
《聚焦二〇%高密度工作力》采實文化出版／二〇一八年

〈感受的習慣〉

《整理心靈的「書寫習慣」》日本實業出版社／二〇一八年
《強化正面信念的最強書寫術》世茂出版／二〇一七年
《找到想做的事，擁有無悔人生》商周出版／二〇一二年

翻轉學 翻轉學系列 026

打造理想人生的習慣大全

65 個習慣開關，讓你輕鬆戒掉壞習慣、無痛養成好習慣

理想の人生をつくる 習慣化大全

作　　者　古川武士
繪　　者　小林祐司
譯　　者　洪逸慧
總 編 輯　何玉美
主　　編　林俊安
封面設計　張天薪
內文排版　黃雅芬

出版發行　采實文化事業股份有限公司
行銷企劃　陳佩宜．黃于庭．馮羿勳．蔡雨庭
業務發行　張世明．林踏欣．林坤蓉．王貞玉
國際版權　王俐雯．林冠妤
印務採購　曾玉霞
會計行政　王雅蕙．李韶婉
法律顧問　第一國際法律事務所　余淑杏律師
電子信箱　acme@acmebook.com.tw
采實官網　www.acmebook.com.tw
采實臉書　www.facebook.com/acmebook01

I S B N　978-986-507-075-5
定　　價　350 元
初版一刷　2020 年 2 月
劃撥帳號　50148859
劃撥戶名　采實文化事業股份有限公司
　　　　　104 台北市中山區南京東路二段 95 號 9 樓
　　　　　電話：(02)2511-9798　傳真：(02)2571-3298

國家圖書館出版品預行編目資料

打造理想人生的習慣大全：65 個習慣開關，讓你輕鬆戒掉壞習慣、無痛養成好習慣 / 古川武士著；洪逸慧譯 . – 台北市：采實文化，2020.02
360 面；14.8×21 公分 . --（翻轉學系列；26）
譯自：理想の人生をつくる 習慣化大全
ISBN 978-986-507-075-5（平裝）
1. 習慣 2. 生活指導 3 . 成功法
176.74　　108021511

理想の人生をつくる 習慣化大全
RISOU NO JINSEI WO TSUKURU SYUUKANKA TAIZEN

采實出版集團
ACME PUBLISHING GROUP